RAPPORT HISTORIQUE

SUR L'ŒUVRE

DE

Saint Louis de Gonzague

ÉTABLIE

A SAINT-BRUNO-LES-CHARTREUX

PAR

L'ABBÉ PH. FAURE

DIRECTEUR

I

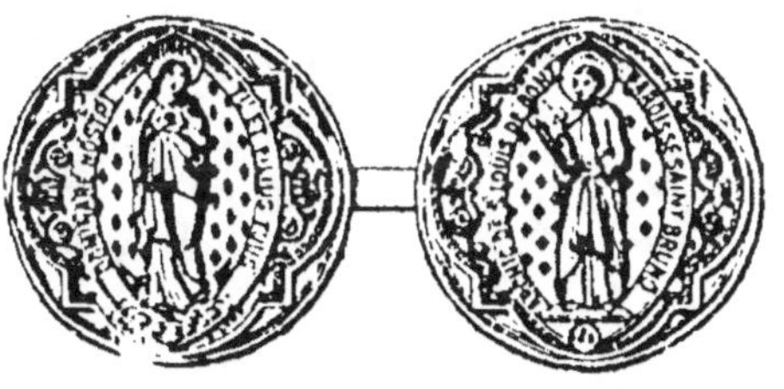

LYON

IMPRIMERIE PITRAT AINÉ

RUE GENTIL, 4

—

1885

RAPPORT HISTORIQUE

SUR L'ŒUVRE

DE

Saint Louis de Gonzague

ÉTABLIE

A SAINT-BRUNO-LES-CHARTREUX

DÔME DE L'ÉGLISE SAINT-BRUNO.

PRÉAU ET GRANDE SALLE DES JEUX DU CERCLE

RAPPORT HISTORIQUE

SUR L'ŒUVRE

DE

Saint Louis de Gonzague

ÉTABLIE

A SAINT-BRUNO-LES-CHARTREUX

PAR

L'ABBÉ PH. FAURE

DIRECTEUR

I

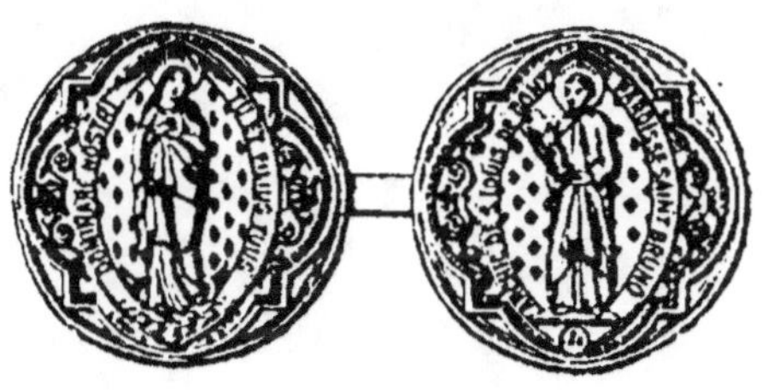

LYON

IMPRIMERIE PITRAT AINÉ

RUE GENTIL, 4

1885

LE CARDINAL CAVEROT

Archevêque de Lyon et de Vienne
Primat des Gaules

ÉMINENCE,

ES fils de Saint-Bruno, pendant deux cent six ans [1],
Cultivèrent, chez nous, la sainte obéissance ;
Et cette fleur, malgré les ravages du temps,
Depuis, n'est point tombée en dégénérescence,

Elle épanouissait sa fraîcheur aux Chartreux,
En buvant, à pleins bords, la féconde rosée
Qu'en son calice Dieu faisait pleuvoir des cieux,
Lorsque, se détachant de sa tige brisée

[1] De 1585 à 1791.

Elle fut emportée au loin par l'ouragan,
Qui s'abattit un jour sur notre pauvre France.
Mais son pied dans le sol s'enfonçait trop avant
Pour n'y conserver point un reste d'existence.
Il s'y cacha longtemps. Quand l'orage eut cessé,
Cette fleur aux Chartreux commença de renaître,
Et ce fut bientôt fait d'avoir en haut poussé
Une tige puissante, où l'on vit apparaître
De nombreux rejetons. Vos prêtres des Chartreux,
Sur cette tige tous viennent prendre naissance :
Aussi vous restent-ils soumis, respectueux,
Car chacun porte au cœur la fleur d'obéissance [1].

Mais ce n'est point assez de porter cette fleur.
Elle périt bientôt quand elle est solitaire,
Et pour vivre son temps, il lui faut une sœur,
Qui se greffe sur elle et de la même mère
Tire sa sève. Alors, deux cœurs, pour se bénir,
N'ont pas de leur amour plus gracieux échange
Que celui qui se fait entre elles, pour unir
Leurs parfums dans un doux et suave mélange.
Sur cette même tige et dans le même cœur
Où vient s'épanouir la fleur d'obéissance,
Les Chartreux font germer, grandir une autre fleur
Pour former avec elle une intime alliance.

Rien d'impur n'a jamais profané sa fraicheur :
La grâce et la beauté de leurs dons l'ont parée.

[1] *Ego N. in conspectu omnipotentis Dei, coram beatissimâ Virgine Dei Matre Mariâ et totâ cælesti curiâ, reverendissime Pater, tibi, successoribusque tuis perpetuam voveo obedientiam, etc.*, vœu prononcé pour l'admission dans la Société des Prêtres de Saint-Irénée.

Quand les zéphirs du ciel, chauds d'une sainte ardeur
Là couvrent de baisers, dans sa robe dorée,
C'est pour eux un suave enivrement d'amour.
Ils ne se lassent point de donner leur caresse.
La plus tendre, pourvu qu'ils puissent à leur tour
S'abreuver des parfums qu'elle exhale sans cesse.

Tout enfant la connait : c'est l'amour filial,
Qui rend de notre cœur odorante l'haleine,
Et lui devient un doux et puissant cordial
Lorsqu'il se sent plier sous le poids d'une peine.

O Père, vous pouvez, chaque jour, les cueillir
Ces deux fleurs qui, pour vous, dans nos cœurs prennent vie.
Leurs couleurs ne sauraient disparaitre ou pàlir,
Leur coupe de parfums ne peut être tarie.

Aux Chartreux vit encor une société
Qui cultive ces fleurs d'amour, d'obéissance,
Et qui verse en leur sein tant de fécondité
Qu'elles ont chaque jour nouvelle efflorescence.

Des plus riches couleurs leur tète s'embellit
Pour rendre hommage au ciel, d'où leur vient la lumière,
De suaves parfums leur calice s'emplit,
Non pour être versés par quelque vent contraire
Dans les flancs ténébreux du vice ou de l'erreur,
Mais pour monter à Dieu, dans leur plus pure essence
Et revenir vers vous, apportés, Monseigneur,
Sur le souffle si doux de la reconnaissance.
Car vous représentez notre Père du ciel ;

Et c'est de votre cœur et de votre prière
Que s'élève vers lui le plus puissant appel
Quand nous avons besoin de grâce et de lumière.

Et puis, votre blason, avec son autel d'or
Et son agneau d'argent, versant dans un calice
Son sang, pour en remplir la coupe jusqu'au bord,
Ne rappelle-t-il pas le divin sacrifice
Et l'amour de celui qui fut notre sauveur ?
Aussi les yeux en vous, voient un autre lui-même,
Et le cœur, lorsqu'il fait passer par vous l'ardeur
De son amour, sent mieux que c'est Jésus qu'il aime.

Ce blason semble encor garder de nos aïeux
Le pieux souvenir. Quand le vieux paganisme
Suait de toutes parts sa pléthore de dieux,
De vices et d'erreurs, et d'abject égoïsme,
Pothin à Lugdunum vint lui livrer combat
Et tenter d'arracher au monstre ses victimes
Irénée après lui, de son apostolat
Sut féconder encor les efforts magnanimes,
Mais pour mieux triompher, il fallut de leur sang
Arroser Lugdunum. Cette onde purpurine
Paraît couler toujours, car du généreux flanc
Que votre doux agneau sur un calice incline,
Il s'en échappe un flot. Ce n'est sans doute ici
Qu'un symbole pieux, mais il ouvre votre âme
Et nous permet de voir le maternel souci
Qu'elle a de ses enfants, et cette sainte flamme
D'amour, qui, pour chacun, s'allume en votre cœur.

Aussi vers Dieu du nôtre une ardente prière
S'échappe chaque jour, en quête de bonheur
Pour celui qui nous est à tous un si bon père.

Cette société porte écrit sur son front
Le nom cher et béni de Louis de Gonzague.
C'est lui qui la défend. Quand sous un ciel de plomb
Contre elle vient rouler, en mugissant la vague
Qui porte de ce monde et le vice et l'erreur,
Louis la brise; puis, remontant d'un coup d'aile,
Il s'en va lui puiser, pour abreuver son cœur,
L'eau pure de la grâce, à la source éternelle.

Des exemples mauvais lorsque soufflent les vents,
Et que tout se corrompt sous leur rafale impure,
Sur elle il fait lever des brises de printemps.
Afin de rendre encor leur haleine plus pure,
Il y vient secouer le manteau parfumé
De sublimes vertus, dont il couvrit sa vie.
Et d'un tel souvenir quand l'air est embaumé,
Elle aspire à plein cœur la céleste ambroisie.

Mais ici bas toujours un voile de pâleur
Enveloppe le front, lorsque par l'anémie
Est appauvri le sang; et du corps la vigueur
Dans l'immobilité semble alors endormie.

Pour garder sur la joue un incarnat brillant,
Et faire circuler dans les membres la force,
Comme la sève qui, parcourt en ruisselant
D'un arbre les rameaux, sous leur manteau d'écorce,

Il faut que chaque jour, prenant place au festin
Qui nous est préparé par Dieu dans la nature,
Nous puissions réparer de la soif, de la faim
Tous les épuisements et guérir leur blessure.

L'âme ainsi que le corps d'aliments a besoin,
Elle s'épuise vite et tombe anéantie
Lorsqu'elle veut aller sur la route trop loin
Sans faire son repas de la divine hostie.

Aussi, dans son bon sens, notre Société
Sait-elle diviser l'année en sept étapes,
Pour s'asseoir à la table où le Dieu de bonté
Sert à tous ses enfants de célestes agapes.

Quand dans la Pénitence elle a bu le pardon
Et que le corps sacré de Jésus l'a nourrie,
L'ange de la beauté vient la baiser au front,
Et l'ange de l'amour, tout heureux lui charrie
La grâce et les ardeurs qu'il puise au sein de Dieu.
Ces deux beaux séraphins sans cesse ouvrent leurs ailes
Pour descendre et monter de la terre au ciel bleu
Et préparer là-haut ses noces éternelles.

Dans un vrai sentiment de respect et d'amour
Cette Société voudrait vous faire hommage
Du livre qui contient ses actes jour par jour.
Et les bienfaits de Dieu pendant son long voyage.

Mais si du livre un mot vous choquait, Monseigneur,
Sachez que par avance elle le désavoue,

Elle veut garder purs son esprit et son cœur,
Car pour toujours c'est à Jésus qu'elle les voue.

A ses yeux trop grand prix a la tradition
De zèle généreux, de soumission sainte,
Qui firent tout l'honneur et la religion
De ses aïeux aimés, pour y porter atteinte.

Ainsi que le soleil sous ses pas fait lever
Les parfums de la terre humide encor de pluie,
Le nom seul des aïeux suffit pour aviver
Le respect et l'amour dans son âme attendrie.

En écrivant sa vie elle a pour seul désir
De faire aimer un peu le saint qui la protége,
De montrer son pouvoir, d'ouvrir son cœur, d'unir
Entre eux des jeunes gens qui lui fassent cortège.
Il n'a jamais cessé de lui tendre la main,
De la suivre partout et de veiller sur elle,
Écartant de ses pas les pierres du chemin.
Aussi n'a-t-elle point vieilli sous sa tutelle ?

Soixante-deux hivers ont passé sur sa tête ;
On ne lui trouve pas encore un cheveu blanc ;
Et pour aller son pas ferme, rien ne l'arrête,
Le souffle sans effort s'échappe de son flanc.
Son pied, tout aussi sûr qu'au début du voyage,
Dédaigne la fatigue ; et l'aimable fraicheur,
Qui répand la beauté sur un jeune visage,
Brille aussi sur le sien. Ce qui vaut mieux, son cœur
Tout entière a gardé l'ardeur de sa jeunesse.

Vers les choses d'en haut il sait prendre l'essor,
Aux nobles sentiments donner une caresse,
Et prudent, en vos mains déposer sa clef d'or,
Afin de n'être ouvert qu'à notre foi chrétienne,
A l'amour du devoir, aux plus saintes vertus,
Jusqu'au jour où brisant de ce monde la chaîne,
Il puisse aller s'ouvrir aux clartés des élus.
Et chanter à jamais les sublimes louanges
Du Dieu qui fit avoir à sa vie un long cours,
Et qui lui donnant place au milieu de ses anges,
Sans fin l'abreuvera de célestes amours.

LE DIRECTEUR DE L'ARCHICONFRÉRIE ET DU CERCLE
DE SAINT-LOUIS DE GONZAGUE AUX CHARTREUX,

L'Abbé Ph. FAURE.

21 juin 1885, en la fête de saint Louis de Gonzague.

INTRODUCTION

I

RESPECT DU AUX TRADITIONS

Super hoc filiis vestris narrate et filii vestri filiis suis, et filii eorum generationi alteræ.

Que les pères le racontent à leurs fils, pour les instruire, que les fils à leur tour le racontent à leurs plus jeunes enfants, et que ceux-ci le redisent encore à ceux qui naîtront d'eux, de génération en génération.
(JoËL, I, 3.)

ETTE parole de Joël était une invitation au peuple juif à transmettre à leurs enfants la prophétie qu'il allait leur faire entendre sur l'entière destruction du royaume de Juda par les Babyloniens, sur les fléaux terribles dont la colère divine devait punir l'infidélité de ce peuple, et enfin sur l'assurance d'un parfait rétablissement, sous la figure duquel il décrit le règne éternel de Dieu qui doit être précédé du jugement dernier,

Ce n'est pas seulement à leurs fils que les Juifs doivent transmettre la prophétie. Joël les conjure d'en renvoyer les échos jusqu'à leurs derniers descendants, afin que la leçon qui doit se dégager de l'action toujours juste mais terrible, et à la fin si miséricordieuse de Dieu à leur égard, ne se perde point dans la suite des générations.

C'est aussi un enseignement que je vous invite à perpétuer parmi vous et vos successeurs ; mais non plus la leçon des justices divines, car durant les soixante-deux ans de votre existence, Dieu a laissé dans un complet repos la main qui frappe et châtie, pour n'étendre vers vous que celle qui bénit et protège. C'est le souvenir des bontés d'en haut, dont votre société porte au front la marque ineffaçable, que vous devez garder vivant et aimé dans votre cœur, afin que Dieu y soit au commencement et à la fin de toutes vos bénédictions.

Ce que vous devez garder encore et perpétuer parmi vos successeurs, ce sont vos traditions religieuses, qui ont été jusqu'à ce jour et continueront d'être pour votre œuvre un honneur, une force et une garantie de durée.

S'il y a de l'honneur pour une famille noble dans ses armoiries, qui sous le symbole des figures héraldiques laissent apercevoir les grands commandements ou les riches domaines qu'ont possédés ses pères, les hauts faits dont ils ont honoré l'histoire de leur pays, les dévouements sublimes qu'ils ont mis au service de la charité ou de la religion ; il y en a aussi pour vous dans vos vieilles coutumes, qui sont le témoignage authentique de la foi et de la piété de vos ancêtres.

S'il y a de la force et une garantie de durée pour un

peuple dans ses vieilles institutions, qui sont un des éléments constitutifs de ses mœurs ; qui donnent à son tem-
pérament social son véritable caractère et qui, plongeant
bien loin dans le passé leurs racines mystérieuses, emprun-
tent au souvenir vénéré des pères et des aïeux une si
grande majesté qu'on n'ose y toucher que sous l'empire de
la nécessité ou sous le coup de quelque vertige ; il y a
aussi pour vous de la force et une garantie de durée dans
ces exercices de piété chrétienne, dont vos pères ont fait
comme le fondement de votre œuvre et qu'ils ont rendus
vénérables par leur attachement et leur respect. Une longue
pratique finit par les faire entrer si bien dans les âmes qu'ils
leur deviennent une nécessité et créent en elles ces habitudes sacrées où une société trouve son principe le plus
actif pour vivre et se développer ; sa meilleure force de
résistance pour lutter contre les vents contraires et les
souffles toujours si dangereux de l'esprit d'innovation ;
enfin sa sève la plus féconde pour reprendre vie après
quelque grave mutilation.

Lorsqu'un chêne peut parvenir à enfoncer profondément
ses racines dans le sol où il a pris naissance et à s'y
asseoir solidement, presque toujours il tient tête aux plus
violents orages. Et si par hasard quelque ouragan se trouve
assez fort pour le briser, ses racines n'ont point à souffrir
de la tourmente et continuent de puiser dans le sein fécond
de la terre une sève abondante et régénératrice qu'elles
envoient tout aussitôt dans les vaisseaux de l'arbre mutilé,
afin de reconstituer sa charpente et de lui former une nouvelle couronne de feuillage. Ainsi en est-il pour une
œuvre qui s'appuie sur de fortes et vieilles traditions.

Il y a aujourd'hui un coupable déchaînement de mépris contre les choses du passé; et tout ce qui ne porte pas la marque de notre temps est l'objet d'une dédaigneuse pitié. Les institutions les meilleures et les plus fécondes pour le bonheur d'un pays, quand elles n'ont point reçu leur baptême de la main des nouvelles couches sociales, sont traitées comme ces vêtements bons encore mais démodés qu'on abandonne aux ramasseurs de loques ou qu'on dépèce pour en ajuster quelques débris sortables à des habits neufs et coupés à la mode du jour.

Mais dans notre siècle de mouvement, d'activité prodigieuse, d'incessante marche en avant, une société qui veut vivre, peut-elle ne point emboîter le pas et s'enfermer au contraire, pour n'en sortir jamais, dans l'immobilité de son règlement et de ses usages? N'est-ce pas la mort et l'affreuse décomposition qui l'attendent dans ce tombeau?

Oui, s'il n'y avait de vie et de force que dans le mouvement. Mais de même que le mouvement n'est pas nécessairement une activité féconde et peut quelquefois n'être qu'une agitation fiévreuse; ainsi l'immobilité n'est pas toujours un signe de mort. Elle devient à de certains moments la meilleure preuve d'une grande force et d'une puissante vitalité. S'il y a l'immobilité de la borne qui reste où la main de l'homme l'a plantée et ne sait rien du rôle qu'elle remplit, il y a aussi l'immobilité du chêne, dont nous parlions tout à l'heure; qui enfonce ses racines bien avant dans le sol où il a pris naissance, s'y asseoit solidement pour y vivre des siècles. Cette immobilité ne l'empêche point de faire courir dans tous ses vaisseaux une sève abondante et féconde, de lancer vers le ciel sa tige superbe, d'élargir chaque année son manteau d'écorce pour protéger la nouvelle couche ligneuse dont il entoure son tronc et chacune de ses branches, d'étendre et de multiplier sa ramure, d'abandonner aux vents d'automne ses feuilles flétries, pour se couvrir au printemps suivant d'un feuillage plus touffu et plus vert.

S'il y a l'immobilité des momies qu'on abrite, contre l'action de l'air, derrière les vitrines des musées de nos grandes villes et que nos yeux contemplent avec tant de curiosité, sans surprendre jamais, ni un mouvement dans leurs membres inertes, ni une parole sur leurs lèvres décolorées, ni un rayon d'intelligence sur leur front flétri, ni l'expression d'un sentiment dans leur regard éteint ; il y a aussi l'immobilité du sage que les passions conjurées du monde ne parviennent pas à faire sortir de la tranquille possession de lui-même. Ni l'orgueil ne peut enfler son âme, ni l'envie ne saurait l'aigrir, ni la colère injecter ses yeux de sang, ni la volupté rider son front, ni le mensonge entr'ouvrir ses lèvres, ni le crime armer sa main. L'écroulement de ses affections et de ses espérances terrestres n'est qu'un accident qui ne trouble en rien son impassibilité marmoréenne : *impavidum ferient ruinæ*. Cette immobilité dans le sage, c'est la force presque surhumaine rêvée par les stoïciens : dans un chrétien, c'est la vertu héroïque de la sainteté, si souvent mise en lumière dans les *Acta Sanctorum*.

Imposer le respect des traditions comme une règle absolue, c'est vouloir condamner les fils à creuser éternellement le même sillon que leurs pères.

Mais si de ce sillon s'élève une moisson riche et abondante, pourquoi n'irait-on pas la cueillir? Et quand elle a rempli nos greniers, pourquoi ne recommencerait-on pas le travail qui doit en préparer une autre?

Imposer le respect des traditions, sans qu'on puisse rien y changer, c'est enchaîner l'avenir et faire du passé un poteau autour duquel une société doit tourner comme un cheval aveugle.

Si c'est un malheur pour une société d'enchaîner l'avenir à des usages qui la cloîtrent dans un état précaire, est-ce un malheur, lorsque ces usages ont fait sa prospérité et qu'ils ouvrent large devant elle le champ des espérances? Jamais, que je sache, il ne s'est trouvé un homme assez insensé pour se plaindre de voir sa fortune solidement assise et à l'abri, autant qu'on peut l'être ici-bas, des caprices du sort.

La vie carthusienne, qui n'est jamais sortie de la règle donnée par saint Bruno, conserve aujourd'hui toute sa vigueur primitive et possède seule l'honneur incomparable de n'avoir pas eu besoin de réforme depuis bientôt neuf cents ans. Mais si les chapitres généraux avaient eu la malencontreuse idée de remanier l'œuvre du saint, d'y ajouter ou d'y retrancher quelque chose, sous le fallacieux prétexte de la mettre en plus complète harmonie avec l'esprit des siècles qui se sont succédé depuis sa naissance, que serait-il advenu? Les Chartreux ne conserveraient que quelques traits à demi effacés de la physionomie de leur père, ou peut-être, après une complète dégénérescence, en seraient-ils venus à renier leur nom et à demander à un autre ordre de leur infuser un sang nouveau. Et aujourd'hui, au lieu d'une famille nombreuse, où vit tout entière l'âme de son fondateur, nous n'aurions plus qu'une froide page d'histoire ou quelque statue muette pour nous rappeler la grande et sublime figure de saint Bruno, qui plana si radieuse et si pure sur les corruptions du onzième siècle ; pour nous dire quel souffle puissant de vie religieuse s'échappa de ses monastères sur la France et l'Italie, raviva la foi dans les âmes, et traversant tout le douzième siècle, s'en alla porter son heureuse fécondité jusqu'au treizième, pour donner naissance à la monarchie chrétienne de saint Louis, enflammer le zèle de l'apostolat et de toutes les grandes œuvres, faire enfin éclore partout une sainte rivalité de vertu.

Garder les traditions, mais c'est renoncer au progrès qui vit de transformations incessantes.

Tout progrès n'est pas dans le changement. L'Église, par exemple, n'a-t-elle pas réalisé le plus magnifique progrès qu'on puisse rêver par l'immutabilité de ses dogmes qui fixent l'esprit humain dans la vérité et mettent une barrière infranchissable à ses égarements ? N'est-ce pas par l'immutabilité de ses lois morales, qui permettent aux âmes généreuses de monter si haut dans la vertu et d'acquérir les traits d'une beauté toute divine, qu'elle a créé cet idéal de vraie grandeur, devant lequel nous sommes saisis d'admiration et de respect, quand il est incarné dans un homme et qu'on appelle la sainteté ?

Pour tout dire en un mot, quand les coutumes du passé sont bonnes et favorables au bien général d'une société, c'est folie de les détruire, à moins qu'on ne soit en mesure de les remplacer par de meilleures. L'antiquité, loin de leur enlever quelque valeur, ne peut que leur être une sorte de consécration. Voilà six mille ans que le soleil s'obstine à se lever chaque matin à l'Orient, et je ne sache pas que, lorsqu'il apparaît dans son vêtement de lumière et de pourpre, les hommes lui fassent mauvaise grâce et qu'ils aient des récriminations contre sa routine si bienfaisante. Voilà six mille ans que la nuit vient chaque soir et étend sur la terre son manteau de ténèbres, pour protéger le repos de la nature et des êtres vivants, et personne ne songe à se soustraire au calme qu'elle apporte, à cette trêve de soucis, de travaux, de souffrances, dont elle garantit le bienfait aux plus déshérités.

Ce que vous devez garder ensuite, c'est la sainte religion des aïeux.

Sans doute votre regard ne saurait plonger bien avant dans le passé et vous ne pouvez avoir que des aïeux récents, mais si peu loin qu'on trouve ses pères, c'est toujours pour des enfants pieux une consolation d'en regarder le visage, un bienfait d'en recueillir les leçons et une religion d'en vénérer la mémoire. Étudiez donc, dans la suite des années, les canaux par où est venue à votre société cette goutte de vie religieuse qu'elle possède, afin que vous en conserviez le dépôt sacré avec un plus profond respect et un plus grand amour. Méditez, afin d'en garder le goût et de vous imprégner de leur fortifiant arome, les actes de piété vraie, de dévouement, de charité ardente, par lesquels vos pères l'ont soutenue, nourrie et préservée de toute défaillance à travers les péripéties et les fatigues d'une longue route. Gardez-vous de sortir jamais des règles de sagesse et de prudence, qui ont présidé à son gouvernement et ont fait sa sécurité, en lui conciliant les sympathies de tous et la bénédiction de Dieu.

Faites aussi, dans le sanctuaire où votre âme donne entrée à tous les nobles sentiments, une large place à l'affection respectueuse que la reconnaissance vous impose pour ceux qui portent au milieu de vous la couronne de la vieillesse. Il est juste qu'après avoir prodigué à votre œuvre leur amour, leur dévouement, leur fidélité; après avoir usé leurs forces à son service, dépensé leurs efforts et leurs bons exemples à l'accroissement de son patrimoine de vertus et d'honneur, ils jouissent d'une retraite honorable. Je ne demande pas pour eux celle qu'accordent les grandes administrations à leurs anciens serviteurs et qui consiste en un secours pécuniaire, mais cette autre rente toute de respect et d'amour, qui s'inscrit comme une dette sacrée dans le cœur de tous les enfants d'une même famille, à l'endroit des vieux parents. D'ailleurs si votre cœur porte à son budget des dépenses une affectueuse vénération pour vos vieillards, il a droit de porter aussi à celui des recettes une ressource correspondante, dont le prélèvement se fait sur les saintes joies du devoir accompli et sur les grâces d'en haut. Dieu n'a pas mis toutes ses bénédictions dans la main du prêtre, du père ou de la mère : il en a réservé quelques-unes pour celle du vieillard vertueux. « La bénédiction des vieillards, disait Pie VII, porte bonheur. »

Enfin, gardez le culte de ces bonnes et franches amitiés qui se forment parmi vous. Quand elles ont puisé leur sève dans une piété vraie et solide, comme cela arrive presque toujours dans votre société, ce sont de saines joies pour le matin de la vie. Aucune amitié plus tardive ne les fait oublier et ne les remplace, tant elles pénètrent avant dans le cœur, tant elles font éclore de généreux sentiments, tant elles jettent de sérénité et d'éclat sur les jours heureux, tant elles donnent de force pour traverser les épreuves.

Leur influence bénie s'étend sur la vie tout entière. L'âge mûr se trouve par elles comme rivé au bien et à la vertu. Comment en effet se déprendre des vieux attachements et de ces souvenirs embaumés qui rappellent au cœur les jours heureux d'autrefois, ces jours remplis par un va-et-vient continuel de tendresse de nous à nos amis et de nos amis à nous, par un échange cordial de bons procédés, d'affectueuses prévenances, de gais propos, par le partage généreux des joies et des peines et surtout par cette douce communion de sentiments et de croyances, dont la communion sacramentelle est la sublime consécration et qui ne se fait jamais mieux que dans la jeunesse, parce que l'esprit et le cœur ne s'y séparent pas.

Et le vieillard, qui ne voit guère autour de lui que des choses décolorées, et des hommes qui peut-être le respectent, s'il est vertueux, mais se montrent pour lui toujours avares d'affection, le vieillard, lorsqu'il veut sortir de son isolement et trouver au monde une physionomie riante, a besoin de remonter le cours de ses années, d'évoquer les noms de ses amis d'enfance et de retracer les scènes diverses où sa jeunesse s'est dépensée.

Ce n'est jamais pour les hommes de son âge qu'il peut raviver la flamme de tendresse dont il fut prodigue, se répandre en doux épanchements et rompre un instant avec cet égoïsme dont chaque année lui resserre les mailles autour du cœur. Mais se trouve-t-il en présence d'un jeune homme, voilà qu'aussitôt son âme est remuée jusque dans ses profondeurs; son cœur retrouve quelque chose de son ancienne chaleur ; il s'ouvre et s'échappe en mille effusions, en affectueuses caresses, pendant que sa main oubliant son avarice se charge de présents. Pourquoi ? C'est sans doute parce qu'il sait qu'au printemps de la vie on possède assez de tendresse pour en faire des libéralités même aux vieillards, mais aussi parce que le jeune homme lui est une image vivante du passé ; parce qu'il lui rappelle cet âge où il donnait sans compter ; parce qu'il croit retrouver sur ses lèvres le sourire affectueux, dans ses mains les chaudes étreintes, dans son cœur le dévouement sincère et désintéressé de ses amis d'autrefois.

II

NÉCESSITÉ D'UNE INTRODUCTION

i l'on veut apprécier sainement l'opportunité de votre œuvre, au moment où elle apparut; ce que vos fondateurs eurent de merveilleuse intuition des vrais besoins de leur temps et de l'avenir, pour ouvrir une voie où devaient s'engager plus tard tant de jeunes gens; ce qu'ils mirent de hardiesse dans leur initiative, pour tenter la préservation et la conquête des âmes par des moyens qui semblaient nouveaux; de fermeté dans leurs résolutions, pour ne point faiblir devant les difficultés des premiers essais; de sagesse dans leurs moyens d'action, pour aplanir tous les obstacles; de persévérance dans leurs efforts, pour ménager à leur entreprise la consécration que seul apporte le temps; si l'on veut, en un mot, donner à vos pères l'estime qui leur est due et reconnaître à votre œuvre un droit au respect et à l'amour, il faut auparavant s'être fait une idée juste de

l'époque où Dieu a placé son berceau, avoir acquis la pleine connaissance des années qui ont pesé sur son enfance; il faut avoir prêté l'oreille au bruit des passions qui fermentaient alors dans la société, avoir assisté à ce duel à mort des partis, dont l'un poussait de toute sa force la France en avant et dont l'autre voulait la faire revenir sur ses pas ou tout au moins la retenir ; il faut avoir sondé la profondeur des abîmes qui s'ouvraient sous les .pas de la jeunesse et menaçaient d'engloutir tout à la fois et ses croyances religieuses et les forces vives de son cœur ; il faut enfin avoir entendu les cris de découragement et souvent de désespérance du clergé, paralysé dans ses efforts par l'extrémité du mal et qui, en présence de l'hostilité dont il était l'objet et des défiances dont on poursuivait son ministère, croyait n'avoir rien de mieux à faire que de se réfugier dans l'inaction.

Quel fut donc de 1824 à 1835, l'état des esprits en matière politique et en matière religieuse.

III

ÉTAT POLITIQUE DE LA FRANCE DE 1834 A 1835

A Restauration rencontra dans ses premières années de grandes difficultés à vaincre. La mauvaise foi de ses adversaires paralysait ses efforts, en lui imputant comme une faute originelle, la coïncidence malheureuse qui semblait l'associer à l'invasion étrangère et à l'humiliation nationale, en faire la conséquence de Waterloo et la création des armées coalisées. En 1824, ce boulet de honte qu'on prétendait lui faire traîner, était complètement détruit. Elle avait trouvé son baptême dans la force de son principe et la valeur de ses hommes d'État. Nos relations politiques et commerciales, détruites sous Napoléon Ier, étaient rétablies avec les autres nations par son action habile et bienfaisante, et déjà la France pouvait aspirer à prendre une place prépondérante en Europe. Elle jouissait à l'intérieur d'une prospérité inconnue jusqu'alors, de la paix et de la liberté politique.

Mais les aspirations républicaines et les souvenirs de l'épopée bonapartiste, joints à la nature frondeuse et mécontente du caractère national, devaient bientôt faire trouver monotones ces bienfaits inappréciables. A ces causes de fermentation dans les esprits venaient s'en ajouter d'autres, également préjudiciables à la Monarchie.

Beaucoup de membres de la noblesse et du clergé, revenus de l'exil, ne surent point garder assez de ménagements. Ces patriciens, qu'on a tant calomniés, quand il était si aisé d'en médire, avaient su trouver dans leur cœur, au jour du malheur, des ressources merveilleuses d'énergie, de courage et de résignation. Mais la bonne fortune une fois revenue, ils n'eurent ni assez de force pour vaincre leurs répugnances ; ni assez de bonne volonté pour se frotter un peu aux idées nouvelles et accueillir, sinon avec bienveillance, du moins sans trop de morgue l'ordre de choses établi ; ni assez d'humilité pour admettre qu'il pût sortir des rangs de la bourgeoisie et du peuple, des hommes de cœur et d'intelligence, des hommes dignes tout autant qu'eux-mêmes de prendre en main la direction des affaires de l'État. Aussi la Charte, qui avait aboli l'existence politique de la noblesse et du clergé, consacré l'égalité de tous les Français devant la loi, la liberté individuelle et parlementaire, la liberté de la presse et des cultes ; qui avait ouvert toutes les carrières à l'intelligence, au travail et à la vertu, la Charte leur apparaissait comme une concession malheureuse, faite aux nécessités des temps. Leur désir secret et souvent traduit au dehors était donc d'en hâter l'abrogation, pour restituer au Roi la plénitude de ses droits antiques, reprendre leurs privilèges et extirper, jusque dans ses dernières racines, l'arbre révolutionnaire.

S'ils n'allaient pas jusqu'à assimiler à un heureux brigandage les victoires de la République et de l'Empire, toujours du moins ils essayaient d'en amoindrir le nombre et l'honneur. Les grandes batailles que la France faisait sonner si haut et qui avaient dévoré tant de milliers de ses enfants, n'étaient pour eux que de petits exercices hygiéniques et salutaires, où les blessés se ramassaient eux-mêmes et où les morts ne s'en portaient que mieux. Ce langage froissait maladroitement la fierté nationale et l'orgueil légitime des généraux comme des soldats. Il n'était propre qu'à faire naître dans les cœurs des désirs de réaction et de vengeance.

Aux yeux de quelques-uns, la République et l'Empire n'étaient que des accidents historiques, dont on ne devait tenir aucun compte ; et le règne de Louis XVIII, au lieu de prendre seulement sa date de droit à la mort de Louis XVI, devait, en passant par-dessus 1814, faire remonter jusque-là sa date de fait.

Une autre cause de désaffection pour la Monarchie, c'est que Louis XVIII, après avoir récompensé, comme c'était son devoir, les services rendus à la France, pendant la période impériale, avait dû aussi dispenser des faveurs, des bienfaits, des marques d'honneur à ses fidèles de la cause royale. Or, beaucoup de ceux qui avaient reçu pour leur récompense un emploi dans l'administration, étaient des vieillards, en qui le déclin de l'âge n'était guère racheté par l'expérience et l'intelligence des temps nouveaux. Quelques-uns, hauts de morgue et sans générosité dans le cœur, tournaient en dérision ceux qui, sortis des rangs de la roture, s'élevaient par leur travail et leur intelligence à des emplois honorables et s'efforçaient, d'après un dicton de l'époque, de *blasonner leur crasse*. Le temps que ces beaux seigneurs ne donnaient pas au dédain des droits nouveaux, ils l'employaient à nourrir des espoirs insensés, de folles ambitions ; à songer à la reconstitution du fief des ancêtres, à rêver des rivages enchantés, où ils ne devaient aborder jamais. Des impatients allèrent même jusqu'à conseiller à Louis XVIII, d'entrer dans la Chambre des députés, éperonné, botté, le fouet au poing, comme Louis XIV dans son Parlement. Aussi ne consentaient-ils point à descendre de l'empirée, pour marcher en simples mortels sur le sol de la réalité, se rencontrer avec la bourgeoisie et le peuple, et leur tendre la main.

Toute la noblesse, il est vrai, n'était point enchâssée dans la prétention et l'égoïsme, et il serait injuste de faire peser sur le corps entier la responsabilité des fautes commises par quelques-uns de ses membres ; il serait injuste de mettre en doute son patriotisme comme de méconnaître son droit de verser des larmes sur les blessures profondes faites au passé, de garder des souvenirs, des aspirations, qui n'étaient point hostiles à la société nouvelle, mais seulement moins jeunes qu'elle. L'effroyable précipitation de la marche des choses politiques, de 1789 à 1820, est une excuse légitime pour les retardataires. Toutefois si l'indulgence et le respect sont dus aux patriciens de France pour l'immutabilité de leurs idées et de leurs mœurs, on doit regretter qu'ils n'aient pas pris plus de part au mouvement produit autour d'eux, parce qu'ils auraient pu en prévenir les écarts.

En contraste avec cette vieillesse, cette insuffisance et cette fatuité d'un certain nombre de tenants du vieux régime ; avec ce secret espoir qu'ils nourrissaient dans leur cœur, d'un retour prochain vers un passé peu regretté de la nation, une sève d'une exubérance inouïe circulait dans les esprits. C'était chez quelques-uns la mise en mouvement de sentiments élevés et généreux ; chez un grand nombre la fermentation du vieux levain révolutionnaire ; c'était dans la jeunesse un travail de vives aspirations et comme un entraînement irrésistible vers de nouveaux rivages, de nouveaux horizons ; c'était chez tous un peu de la chaleur que donne une époque enfiévrée.

La Restauration, bien qu'elle fût la cause principale, par son influence et sa Charte, de cette bouillonnante activité et de ce magnifique mouvement intellectuel, qui ont fait de cette époque, non seulement l'ère expérimentale du régime parlementaire, mais une des périodes les plus fécondes de notre histoire littéraire, la Restauration n'en portait pas moins la responsabilité de toutes les fautes commises par ses serviteurs. C'était sur elle qu'on se déchargeait du mépris inspiré par leur insuffisance, du dégoût que faisait naître leur décrépitude orgueilleuse et des colères que soulevaient leurs imprudences de langage. Elle servait de point de mire aux boulets ramés d'un parti, dont l'audace grandissait chaque jour, et qui menaçait de devenir la majorité de la nation.

Le ministère de Villèle, n'ayant pu, pour défendre la Royauté, établir la censure, crut la couvrir assez en édictant des peines graves contre les délits de presse ou d'enseignement. La connaissance en fut attribuée aux tribunaux correctionnels. Des journaux furent suspendus ; des professeurs perdirent leur chaire, mais la Monarchie ne gagna rien à ces rigueurs. Dans un pays où il n'est point permis d'ensevelir les gens d'esprit au fond d'une tour, il est toujours malhabile de se les aliéner, car leur opposition peut un jour devenir redoutable. Dès lors, la tribune, la presse, le haut enseignement, le théâtre, la chanson commencèrent à se coaliser pour battre en brèche l'établissement monarchique.

L'avènement au trône de Charles X, au mois de septembre 1824, bien loin de lui apporter, malgré l'enthousiasme qui l'accueillit, un renouveau de popularité, ne fit qu'accroître l'ardeur et le nombre de ses ennemis. De nouvelles causes de désaffection vinrent s'ajouter aux anciennes, pour faire descendre plus bas dans le discrédit, le gouvernement du roi.

Le vote de l'indemnité d'un milliard à accorder aux émigrés pour leurs biens confisqués par la Révolution ; le réveil de plus en plus turbulent des idées nobiliaires ; la proposition de rétablir le droit d'aînesse et les substitutions ; l'extension quelque peu tapageuse des pratiques dévotes et surtout leur mélange imprudent avec la politique ; la promulgation des lois contre le blasphème ; les nouvelles et plus ardentes tentatives du ministère de Villèle pour mettre des entraves à la liberté de la presse ; l'accusation portée contre le roi, de livrer l'État à l'Église, accusation mal fondée sans doute, mais exploitée avec un immense succès ; enfin, quand furent tombés successivement les ministères de Villèle et de Martignac, l'appel adressé à la minorité d'extrême droite, pour former un cabinet de défensive

royale, appel que Charles X regardait peut-être comme une
mesure de sauvetage, mais qui plaçait M. de Polignac,
chef du nouveau ministère, dans l'alternative, ou de tomber
bientôt devant la coalition des partis, ou de prendre position
sur le terrain toujours glissant des coups d'État : c'en était
assez pour mettre le roi en danger de perdre sa couronne.

Sans doute le gouvernement, sous Louis XVIII et sous
Charles X, malgré peut-être quelques imprudences, ou si
l'on veut, quelques fautes, n'avait jamais eu dans ses pensées d'autre préoccupation ni dans ses travaux d'autre but
que le bien de la France et de la religion : mais de qui
pouvait-il attendre justice ? On était à un de ces moments
où les passions politiques aveuglent les hommes les meilleurs, les plus intelligents, et ne leur laissent rien du sang-
froid de l'équité. Il n'y a plus place alors que pour l'adoration et l'anathème. On est servile adorateur des idées et des
gens de son parti et l'on anathématise à grand renfort
d'arguments les hommes les plus sages, les choses les plus
justes du parti contraire.

La France était donc divisée en deux camps. L'un mettait tout dans la Royauté, l'autre dans les assemblées et le
peuple. Le premier pensait qu'un chef de nation, comme
un chef de famille, voit mieux et plus loin que ses subor-
donnés, qu'il peut gouverner en maître et qu'en aucun cas
il ne doit abdiquer son autorité. L'autre au contraire, s'affo-
lant d'idolâtrie pour les prérogatives parlementaires, ne
voyait dans toute mesure sage mais quelque peu restrictive
de la liberté et du droit des assemblées, qu'un odieux attentat; et dans tout mouvement de la Royauté, qui n'aurait
pas été imprimé par le parlement, qu'une coupable tentative

d'émancipation. Les deux partis, sans vouloir se dépouiller de ce qu'ils avaient de trop exclusif, marchaient l'un contre l'autre et devaient un jour, en se rencontrant, produire un choc terrible.

L'avènement du ministère de Polignac fit naître la défiance dans tout le parti libéral. Aussi quand s'ouvrirent les Chambres pour la session de 1830, la discussion de l'adresse au Roi, révéla une sourde et profonde irritation des esprits. L'adresse fut votée à la majorité de 221 voix, sur 402. Ce chiffre devint la terreur du Cabinet et la Chambre fut prorogée au 3 septembre et finalement dissoute le 16 mai.

L'expédition d'Alger offrit fort à propos au ministère un moyen de détourner l'attention publique du conflit qui s'était élevé entre la prérogative royale et la prérogative parlementaire. La diversion toutefois ne fut point assez puissante pour apaiser les colères et empêcher la réélection des deux cent vingt et un députés qui avaient signé le refus de concours au Roi.

Un esprit de révolte courait alors dans l'air. C'est vers lui que la jeunesse surtout était violemment entraînée par sa soif de liberté, les ardeurs de son sang et la fougue de son caractère. L'âge mûr ne fut point exempt des atteintes de son souffle.

Lorsqu'après vingt jours de campagne, notre armée arbora, le 5 juillet, le drapeau français sur les murs d'Alger, le ministère crut que ce triomphe lui était une occasion favorable pour sortir des voies légales et tenter la fortune d'un coup d'État. Il montra une fois de plus que les honnêtes gens ne sont pas faits pour conduire ces sortes de besognes.

D'ailleurs les coups d'État qui peuvent réussir au commencement d'un règne et lorsqu'une nation est lasse ou des excès de la liberté ou des oppressions de la tyrannie, ont presque toujours une issue fatale, quand ils arrivent au milieu de la prospérité générale et qu'ils n'ont pas même l'excuse d'un grave intérêt à défendre, car alors ils apparaissent comme des mouvements de colère pour briser quelque résistance ou comme des secousses d'orgueil pour s'affranchir d'une loi gênante et monter plus haut dans l'absolutisme. Or, comme rien ne peut justifier une telle origine, la révolte trouve là sa raison d'être et son point d'appui pour soulever les masses.

Un ministère clairvoyant aurait pu prévoir peut-être que la France de 1830, accoutumée depuis quinze ans à un régime de liberté, fière de l'ordre admirable qui régnait dans ses finances et du rang de grande puissance qu'elle avait repris parmi les nations de l'Europe, pleine de l'espérance de faire reviser bientôt les traités de 1815 conclus contre elle, et ne paraissant pas soupçonner surtout qu'elle était en grande partie redevable de ces bienfaits à la Monarchie, un ministère clairvoyant, dis-je, aurait pu prévoir qu'elle ne se résignerait pas facilement à subir la mutilation de ses prérogatives parlementaires. Il n'en fut rien.

Le 26 juillet, le *Moniteur* publia des ordonnances qui remettaient en vigueur plusieurs articles de la loi du 28 octobre 1814, sur la presse; qui dissolvaient la Chambre nouvellement élue et changeaient le système électoral.

Sans doute l'article 14 de la Charte pouvait paraître légitimer les ordonnances, mais la fermentation était trop grande dans les esprits, pour laisser place à la discussion et

ne point pousser à une explosion violente. Et si les préten-
tions des deux cent vingt et un étaient seulement, sans renverser la Monarchie, de traiter avec elle et de conclure un
accord de politique plus libérale, la foule qui connaît peu
les sages tempéraments, cria tout aussitôt à la violation de
la Charte et commença l'organisation sérieuse de la résistance.

Le ministère, bien qu'il fût soutenu par ceux qui exagéraient le principe d'autorité jusqu'à vouloir ramener le pays
à un régime de pouvoir sans contrôle, ne put étouffer la
voix puissante et tapageuse de l'opposition. Elle retentissait
partout, parlait de pousser les destinées de la France vers
une imitation de la révolution anglaise de 1688 et désignait
déjà le duc d'Orléans pour tenir le rôle du prince d'Orange.

M. de Polignac, qui n'avait point su prévoir les dangers de son coup d'État, ne sut prendre à temps aucune
des mesures capables de le faire réussir ou tout au moins
de préserver la Monarchie d'un désastre. Dès le 29 juillet au
soir, ce qui aurait dû n'être qu'une crise ministérielle, devenait une Révolution consommée. Le retrait des ordonnances ou l'appel immédiat d'un ministère de majorité, auraient
pu, par leur surprise, désarmer l'opposition et lui faire plier
le genou. Les hésitations de M. de Polignac à prendre une
résolution, et après la décision du retrait des ordonnances,
les lenteurs inexplicables du duc de Mortemart à se rendre
à la réunion Laffitte, compromirent tout.

Le duc d'Orléans, proclamé lieutenant général du
royaume, par les députés au Palais-Royal, comprit tout de
suite qu'il ne pourrait dominer la situation qu'en devenant
maître à l'Hôtel de Ville, que la populace tenait en son

pouvoir. Il s'y rendit donc. Arrivé sur le haut du perron, M. de La Fayette lui donna l'accolade et décida ainsi du sort de Son Altesse Royale et de celui de la France. Le 9 août suivant, une nouvelle royauté prenait place sur le trône de la vieille Monarchie française. La bourgeoisie, en déposant la couronne sur la tête du duc d'Orléans, proclamait par cet acte la souveraineté de la force. L'ordre politique était sauvé dans le présent, malgré le tapage républicain et socialiste qui devait se faire entendre çà et là jusqu'en 1835, mais l'ordre moral était profondément atteint et l'avenir restait fatalement ouvert aux aventures et aux révolutions, car le succès du moment n'est pas un baptême qui puisse effacer la faute originelle.

IV

ÉTAT RELIGIEUX DE LA FRANCE DE 1824 A 1835

OUR bien comprendre l'état religieux de la
France à cette époque, il faut reprendre les
choses d'un peu haut.

Au commencement du siècle, l'Église de France n'était
qu'une vaste ruine. Ses prêtres erraient pour la plupart
dans l'exil; ses temples étaient, les uns abattus, d'autres
fermés et vides ; un grand nombre avaient été abandonnés
à des usages profanes et quelques-uns consacrés à ce schisme
qu'avaient commencé sous Louis XIV les hommes de Port-
Royal. « *Il restait à peine à l'Église de France*, dit le Père
Lacordaire, *un calice pour y boire le sang de son Maître.* »

Malgré sa pauvreté et sa dévastation, elle n'en demeurait
pas moins une force, la plus vivace et la plus puissante des
forces sociales. « *On vit*, dit encore Lacordaire, dans la préface des *Considérations sur le système philosophique de La
Mennais*, on vit un grand capitaine porté, par des batailles
gagnées, à la tête de l'État, chercher quel pourrait être son*

3 .

appui dans l'esprit humain, et n'en pas trouver d'autre qu'une Église ruinée, qui était, depuis un siècle, la fable des gens d'esprit. »

La Révolution avait bien pu renverser une Monarchie, ravir la puissance aux familles nobles, gagner des batailles, changer les institutions et les lois, niveler toutes les conditions, tordre le cou aux antiques coutumes, fermer les églises au culte catholique, et proscrire ses prêtres, mais elle était restée impuissante à pénétrer dans le sanctuaire des âmes pour y détruire les vieilles croyances et en implanter de nouvelles.

Napoléon eut la claire intuition de ce grand fait et il sut en tenir compte dans le Concordat de 1801. C'est là l'éternel honneur de son génie. Mais l'ambition l'aveugla et loin de faire servir le pacte qu'il avait conclu avec le Souverain Pontife Pie VII, à un mouvement d'ascension religieuse, il n'y chercha qu'un moyen d'assurer et de développer sa puissance. Les secrètes pensées de son âme se montrèrent clairement, lorsqu'on le vit noyer, en quelque sorte, le Concordat, dans un flot de dispositions léonines, qui reçurent la dénomination d'articles organiques : nom prétentieux et quelque peu schismatique, car faire œuvre d'organisation dans l'Église, en dehors du Pape, c'est faire acte de rébellion contre sa puissance souveraine.

Les articles organiques et surtout leur mode d'application créèrent à l'Église de France une situation tout à fait abaissée. Napoléon ne voyait dans les évêques, *ses évêques,* comme il les appelait, que des préfets ecclésiastiques, chargés d'administrer le clergé sous la direction de son Ministre des cultes.

Mais les évêques et les prêtres, fatigués du fardeau d'une longue inaction, désireux de se faire pardonner leur retour au milieu de leurs ouailles, pressés du besoin généreux de se dévouer aux labeurs du ministère paroissial et de l'apostolat, n'examinèrent point si ces règlements dictatoriaux étaient œuvre de zèle ou le moyen par lequel Napoléon poursuivait l'établissement de sa puissance. Peut-être aussi le courage, sinon de souffrir, au moins de combattre, avait-il été affaibli en eux par les dures années de l'exil? Peut-être leur esprit fut-il fermé à toute autre préoccupation qu'à celle du bien des âmes qu'ils entrevoyaient dans la réouverture des églises et le rétablissement du culte? Toujours est-il qu'ils acceptèrent, sans en sentir assez l'humiliation, sans en prévoir les funestes conséquences, la loi du Maître.

L'empereur prétendit même plus tard s'immiscer dans la rédaction du catéchisme et voulut avoir son chapitre ou l'amour envers Napoléon était ordonné sous peine de la damnation éternelle. Et dans le catéchisme qu'il comptait imposer à la France entière, il eût supprimé la formule dogmatique : « *Hors de l'Église, point de salut* », sans l'intervention courageuse du cardinal Fesch, qui la fit rétablir.

Le but qu'il poursuivait, de soumettre l'autorité de l'Église à la domination séculière, apparut plus évident encore dans son duel avec la papauté, dans ce drame douloureux où Pie VII fut enlevé de Rome, jeté en prison, spolié de ses états et privé de tout exercice du pouvoir spirituel jusqu'à la catastrophe qui mit fin à l'Empire.

Son despotisme ne fut point satisfait par l'attouchement profanateur des choses de la religion. Il s'imposa dans le domaine de l'enseignement et confisqua la liberté que le Consulat avait du moins respectée, en laissant s'élever les établissements municipaux ou ecclésiastiques. Le droit de tenir école devint un monopole de l'État ; la libre concurrence fut proscrite et à partir du 1er juin 1809, il n'y eut plus aucun moyen d'échapper aux serres impériales.

La génération précédente avait été élevée sans Dieu ; celle de l'empire, malgré l'honorabilité d'un grand nombre de maîtres dans les collèges de l'État, ne fut élevée que pour la guerre. On ne lui donna de la vérité religieuse que la quantité jugée suffisante par le Maître, pour être un moyen d'ordre et un frein à la révolte. On ouvrit les temples pour que N.-S. Jésus-Christ put y rentrer, mais on ne fit rien pour l'installer dans les âmes : on ne fit rien pour que le dix-neuvième siècle ne continuât pas l'œuvre du dix-huitième.

Voilà ce qui explique le débordement impie qui se produisit sous la Restauration et l'insuccès colossal des bonnes intentions et des efforts de la Royauté. Loin de servir la religion, ils n'aboutirent qu'à la rendre odieuse et impuissante. Les égards, que le pouvoir public avait pour l'Église, parurent être une déclaration de guerre à l'incroyance pratique de la bourgeoisie. La surintendance de l'instruction primaire, placée dans la main des évêques, fut regardée comme une usurpation criminelle sur les droits de l'Université et la réouverture de quelques couvents comme un retour vers l'ancien régime.

Aussi tous les philosophes du dix-huitième siècle, Voltaire, Rousseau, Helvétius, Diderot, d'Holbach, Dupuis, Volney, sortirent-ils de leurs tombeaux. Leurs œuvres, qui n'avaient pas été réimprimées, une seule fois sous l'Empire, eurent jusqu'à douze ou treize éditions. Et pendant que les hommes des professions libérales se nourrissaient d'un scepticisme savant, travaillant à rendre leur verve libertine, à grimacer le rire ingénieux et illustre qui avait si longtemps poursuivi, en Europe, l'ouvrage du Fils de Dieu, on jetait en pâture à la classe ouvrière, pour la gâter, les immondes banalités de Pigault-Lebrun.

Pour faire la police parmi ces revenants, arrêter leur sarabande infernale au milieu de la société française, briser l'étendard de leur impiété et les recoucher dans la tombe, personne n'avait une main assez puissante, ni une autorité assez haute, ni une parole assez populaire et assez écoutée. Ce n'est pas que la cause catholique manquât d'orateurs, de philosophes, d'écrivains, d'apôtres ; mais presque tous voguaient à pleines voiles dans un courant contraire à celui qui emportait la nation. Aussi leur voix n'était-elle pas entendue ; et si parfois il en parvenait quelque chose à la foule, ce n'était que comme l'écho d'un passé menaçant qu'on lui avait rendu odieux.

M. de Bonald était respecté sans doute, pour son caractère loyal et sa foi profonde ; mais le rôle d'apologiste de la monarchie absolue, qu'il s'était donné, paralysait l'influence de sa parole et de ses écrits.

Le vicomte de Chateaubriand, à qui revenait, pour une grande part, l'honneur du retour des idées religieuses en France, après le grand effondrement social de la fin du dernier siècle, et dont la gloire était à son zénith, le vicomte de Chateaubriand aurait pu devenir un grand apôtre. Par malheur, la politique l'absorba si complètement qu'elle ne lui permit point de consacrer quelques-unes des immenses ressources de son génie à la défense de la Religion.

En 1818, lorsque parut le premier volume de l'*Essai sur l'indifférence en matière de religion*, « l'enthousiasme et la reconnaissance n'eurent pas de bornes ; il y avait si long-temps que la vérité attendait un vengeur ! En un seul jour, M. de La Mennais, inconnu la veille, se trouva investi de la puissance de Bossuet » [1]. On crut partout et surtout dans le jeune clergé que l'Eglise possédait enfin un homme qui saurait défendre son honneur et sa foi, monter la garde à la porte de son sanctuaire et donner force férules aux polissons qui se faisaient les fanatiques ennemis de Dieu et les cyniques insulteurs des choses saintes.

Son entrée dans la presse fut saluée comme celle d'un intrépide lutteur. Dès le premier jour il y exerça de justes représailles contre les ennemis de l'autel et du trône. Sa parole âcre et brûlante les marquait d'un stigmate flétrissant et indélébile.

Le 5 octobre 1818 fut fondé le *Conservateur*, qui tint une place si importante dans l'histoire de cette époque, parce qu'il prit, dès le commencement, position sur le terrain de la Monarchie selon la Charte, devint comme l'arsenal des idées de la droite et le quartier général de son action politique pour préparer son avènement au pouvoir. C'est dans le Comité ordinaire de ce journal, où il siégeait avec MM. de Chateaubriand, Mathieu de Montmorency, de Talaru, de Polignac, de Villèle, de Castelbajac, de Bruges, Fiévée, que de La Mennais prenait langue des thèses à sou-

---

[1] *Considérations sur le système philosophique de La Mennais*, par Lacordaire.

tenir et des ennemis à combattre. Pour les coups à porter, c'était affaire de sa verve du moment.

En 1820, il passa au *Défenseur*, qui succédait au *Conservateur*, sans le remplacer, et un peu plus tard au *Drapeau blanc*, feuille quotidienne plus passionnée qu'aucune autre.

La polémique religieuse, qui, sans se départir jamais d'une sage mesure dans le langage, avait été si vigoureuse et si impitoyable de logique sous la plume de Bossuet au dix-septième siècle, si ferme au dix-huitième avec M. Emery, au commencement du dix-neuvième avec M. de Fraissinous, sortit tout à coup avec M. de La Mennais de sa modération et de son respect des personnes. Le *Mémorial Catholique*, revue mensuelle, fondée au mois de décembre 1823, sous son patronage par deux jeunes prêtres, MM. Gerbet et de Salinis avec le concours du spirituel et fin railleur comte O'Mahony, fut comme le déversoir de ses bordées. C'est là qu'il venait savourer avec délices la volupté du mépris.

Vers la fin de 1824, après son retour de Rome, où il avait été comblé des bontés de Léon XII, et où peut-être le mot flatteur d'athlète invincible de l'Église était parvenu à ses oreilles, les fumées de l'orgueil lui montèrent au cerveau et donnèrent le vertige à son intelligence. Dès lors n'écoutant plus d'autre pensée que la sienne, il ne garda aucune mesure, outra toutes les thèses, et, pour défendre l'infaillibilité qu'il s'octroyait à lui-même, il eut recours aux invectives les plus outrageantes, aux malédictions les plus terribles.

L'apparition du second volume sur l'*Indifférence* avait causé une immense surprise et la solution donnée aux questions philosophiques partageait violemment les esprits.

De La Mennais ne put souffrir la contradiction. Aussi tous les adversaires de son système, adversaires catholiques surtout, jésuites, sulpiciens, prêtres, évêques, lui furent comme une tête de Méduse, sur laquelle il faisait pleuvoir les coups injustes de sa colère, de son indignation et de son mépris.

Bientôt après ce fut le tour du gouvernement. La poursuite en police correctionnelle, qu'exerça contre lui M. de Villèle, fit naître dans cette âme toute faite d'orgueil et de haine, un ressentiment implacable.

Un tel défenseur de la vérité religieuse et des procédés si différents de ceux des apôtres, pour propager l'Évangile, ne pouvaient que nuire à la cause sacrée de l'Église. L'abbé de La Mennais trompait donc toutes les espérances.

Que faisait le reste du Clergé ? « Les prêtres dans les paroisses, écrivait Lacordaire à M. Foisset en 1826, maintiennent la connaissance et la pratique des vérités chrétiennes dans les femmes, dans quelques hommes, dans quelques jeunes gens ; ils retirent de temps en temps, du milieu de l'erreur, quelques âmes en qui la foi se réveille, et voilà tout. Renfermés dans le sanctuaire, où ils veillent sur les pierres qui leur sont restées, ils ne peuvent le défendre des attaques du dehors. Ils regardent quelquefois du haut des murs de Sion, ils voient que le nombre des assiégeants s'augmente toujours : et redescendus dans l'intérieur du temple, ils racontent ce qu'ils ont vu avec de tristes et éloquentes paroles, qui ne touchent guère que ceux qui n'en ont pas besoin ».

Nous ne prenons point ces paroles au pied de la lettre, car elles ne sont pas une juste appréciation des choses.

Quand dans une paroisse le prêtre reste avec une parole

inécoutée et un ministère presque sans emploi ; quand il semble n'être là que pour servir de témoin attristé aux progrès de l'irréligion, c'est une situation désolante pour une âme sacerdotale. Et pour celui qui s'arrête à l'extérieur des choses ou qui ne tient dans son regard que le moment présent, sans y rien laisser pénétrer de l'avenir et des mystères de la grâce, c'est un rôle à peu près inutile que remplit le prêtre.

Mais quand on s'élève au-dessus de ce monde et qu'on monte jusqu'à la lumière de la foi, n'est-ce rien que le travail de préservation accompli par un pasteur, pour soustraire quelques hommes, quelques femmes et quelques jeunes gens à l'entraînement du mal ? N'est-ce rien que la bénédiction et les bonnes paroles qu'il verse sur les petits enfants qui ne manquent jamais de venir autour de lui ? N'est-ce rien que la garde qu'il monte à la porte du sanctuaire pour en éloigner les profanateurs ? N'est-ce rien que la protestation de sa douleur contre l'impiété ? N'est-ce rien que cette prière qui monte si souvent de son cœur à ses lèvres et qu'il fait, non pas en son nom, mais au nom de l'Église et avec toute l'Église ? N'est-ce rien que ce fardeau d'impuissance, d'abandon qu'il lui faut porter tous les jours, dont il ne se décharge un moment à l'autel et dans son oratoire, que pour le reprendre aussitôt après et acquérir ainsi une sublime ressemblance avec le divin Crucifié ? N'est-ce rien surtout que l'immolation de l'adorable victime, qui s'accomplit chaque matin par son ministère, et dont le mérite, s'il était appliqué dans son infinité, suffirait à sauver tous les mondes ? Il y a là évidemment un saint et continuel labeur. Qui oserait dire alors qu'il restera éternellement improductif et qu'il ne prépare pas le terrain à la parole et au ministère du pasteur qui doit venir un jour ?

Or, il y eut à cette époque, dans le diocèse de Lyon, pour ne citer que celui-là, bien que partout ailleurs il en fût à peu près de même, il y eut, dis-je, un grand nombre de prêtres qui accomplirent ainsi, sans bruit, sans éclat, l'œuvre de Dieu dans leur paroisse. Une sainte résignation dans le délaissement, des exemples de vie grave et austère, des larmes et des prières ferventes répandues en secret aux pieds des autels, furent les semailles qu'ils jetèrent sur une terre ingrate, mais que la bénédiction divine sut féconder au delà de leurs espérances. Aussi leurs successeurs eurent-ils la joie de récolter plus tard de riches moissons [1]. Qui n'a connu quelques-uns de ces prêtres ou de ceux qui furent tout à la fois curés et maîtres d'école ? Leurs années se sont écoulées dans de pauvres paroisses, sans qu'il aient eu jamais un seul jour de repos, donnant à leurs ouailles de tout âge et de toute condition, avec le bienfait de leur amour, le labeur d'une incessante sollicitude et d'une occupation quelquefois écrasante. Certes, ce dévouement pouvait être obscur, mais il n'en était ni moins béni de Dieu ni moins fécond pour le salut des âmes. Des traces en subsistent encore là où il s'est exercé.

Toutefois, si les paroles de Lacordaire ne sont pas une juste appréciation des choses et ne tiennent point assez compte du bien que tant de prêtres firent sans bruit et sans éclat dans leurs paroisses, elles nous révèlent une lacune

[1] *In hoc enim est verbum verum : quia alius est qui seminat, et alius est qui metit. Ego misi vos metere quod vos non laborastis : alii laboraverunt, et vos in laborem eorum introistis.* Saint Jean, ch. IV, 37, 38.

regrettable dans la défense de l'Église et dans le travail de
préservation pour les âmes. Oui, il faut reconnaître que
deux qualités firent presque complètement défaut aux
évêques et aux prêtres.

Ils n'eurent pas cette noble et sainte fierté qui fait relever
la tête à la vérité quand elle se trouve en face de l'erreur et
du mensonge; ni cette audace qui fait accepter hardiment
à l'Esprit du bien un défi quand il est porté par l'Esprit du
mal. Cette fierté et cette audace, qui prennent naissance
et vigueur dans la conscience qu'on a de sa force et de son
bon droit, doivent être, aux époques troublées et quand un
souffle mauvais soulève les passions, les compagnes insé-
parables de la vérité et de la vertu. Or elles manquèrent au
clergé de tout ordre.

La société de cette époque ne se sentait pas de joie d'a-
voir été relevée de tutelle, de posséder enfin la liberté civile
et politique. Dans l'étourdissement de son ivresse, elle attri-
buait tout l'honneur de ses institutions libérales à la philosophie du dix-huitième siècle et plaçait en elle ses plus
chères espérances pour achever l'œuvre d'émancipation
de l'avenir. Par contre l'Église apparaissait à un grand nombre comme une institution vieillie et usée, dont on n'avait
plus que faire; à d'autres comme une ennemie déclarée des
nouvelles franchises et qu'il fallait combattre à outrance.

Il était aisé de dissiper les malentendus, de réduire à néant
les sophismes, car l'Église, puisqu'elle vient de Dieu, porte
nécessairement en elle la solution de tous les problèmes
sociaux et le principe de tout vrai progrès pour l'humanité.

Mais il faut savoir dégager des données chrétiennes la
formule qui répond le mieux aux besoins du temps, et, à la

lumière de l'évangile, ouvrir la voie par où une société peut s'élancer, sans crainte d'égarement, à la conquête des biens qu'elle entrevoit et dont elle se sent éprise.

Or, on ne sut guère démontrer à cette société haletante vers la liberté et les idées généreuses que le christianisme, si elle ne voulait point s'exposer à faire banqueroute à ses nobles aspirations, devait être son guide, puisque Jésus-Christ est le seul vrai libéral, le seul qui ait embrassé dans un amour indéfectible toute vraie grandeur morale et tout vrai dévouement.

En effet, être libéral, c'est être généreux, c'est aimer à donner, c'est avoir l'âme largement ouverte à toutes les grandes aspirations, à tous les nobles sentiments [1]. Être libéral, c'est encore ne point porter atteinte au libre exercice de la volonté de chaque homme et de la volonté générale d'une société ; c'est être respectueux des lois justes, des constitutions sages et des droits légitimes de tous [2].

Or, en prenant ce mot dans ces deux nobles acceptions, qui a été libéral comme N. S. Jésus-Christ ? il a été libéral, c'est-à-dire généreux, jusqu'à député, dès qu'il apparaît sur notre terre, un de ses anges aux bergers de Bethléem [3], et une étoile aux Mages de Chaldée [4], pour leur annoncer sa naissance, afin qu'il n'y ait pas une

---

[1] Libéral, c'est-à-dire généreux, magnanime, qui aime à donner, etc. *Dictionnaire de Littré.*

[2] Libéral, c'est-à-dire favorable à la liberté civile et politique et aux intérêts généraux de la société. *Dictionnaire de Littré.*

[3] *Et pastores erant in regione eadem... Et Ecce angelus domini stetit juxta illos...* saint Luc, II, 8-14.

[4] *Cum ergo natus esset Jesus in Bethleem Judà... Vidimus enim stellam ejus in oriente.,* saint Mathieu, II, 1-3.

minute de perdue dans les élans de leur bonne volonté,
dans les adorations et la reconnaissance que les Juifs et les
Gentils doivent à Dieu.

Libéral jusqu'à donner à Marie et à Joseph une obéissance
si parfaite que l'Évangéliste ne trouve rien de mieux à dire
des années de son enfance et de sa jeunesse que ce
mot sublime : *Erat subditus illis* ; si pleine d'amour
qu'elle lui fait devancer l'heure de ses miracles aux noces
de Cana [1].

Libéral jusqu'à prodiguer à Lazare une telle tendresse de
cœur, qu'en présence du tombeau de son ami, il ne peut
ni retenir ses larmes, ni arrêter sur ses lèvres la parole victorieuse, qui arrache une proie à la mort [2].

Libéral jusqu'à ne pas savoir refuser un miracle, quand
la foi le demande, ni empêcher la vertu qui s'échappe de
lui, de multiplier les prodiges partout où se trouve quelque
misère de l'âme ou du corps [3].

Libéral jusqu'à pardonner un crime que les hommes ne
pardonnent pas, même quand le coupable, comme la femme
adultère, s'abîme dans la confusion et le repentir [4].

Libéral jusqu'à ne laisser monter à ses lèvres que des paroles de bonté et de bienveillance pour ses apôtres, quand
tout maculés encore des grossièretés de leur premier état,
ils lui demandent, avec une naïve confiance et une fierté
quelque peu ridicule, quelles récompenses il leur réserve
pour le rare et éclatant mérite d'avoir abandonné, afin de

[1] Saint Jean, II, 1-12.
[2] Saint Jean, XI, 1-45.
[3] *Sanans omnem languorem et omnem infirmitatem in populo.* Saint Mathieu, IV, 23.
[4] Saint Jean, VIII, 1-11.

le suivre, les méchants filets qui les laissaient mourir de faim [1].

Libéral, c'est-à-dire plein de sollicitude pour les besoins du corps aussi bien que de l'âme, jusqu'à faire un miracle en faveur de cette foule immense, qui le suivit un jour dans le désert, pour lui donner, après que son cœur eût été nourri de ses enseignements, le doux plaisir d'un copieux repas champêtre et les énivrements de cette joie expansive, dont les citadins les plus chargés de soucis ne se défendent guère, lorsqu'ils ont gagné dans une longue marche, dans les bouffées d'air pur et embaumé de la campagne, un bon appétit et qu'ils peuvent lui donner une ample satisfaction [2].

Libéral jusqu'à regarder descendre une à une sur les joues humides des veuves, selon l'expression de l'Écriture [3], les larmes de leur douleur, et prendre si bien en pitié leur délaissement, qu'il rend à celle de Naïm son fils ressuscité [4] et permet à son apôtre Pierre d'apaiser les cris désespérés de celles de Joppé, en rappelant à la vie Tabithe, leur mère et leur providence [5].

Libéral jusqu'à inviter toutes les misères humaines à un festin de soulagement et de force, préparé par son amoureuse compassion [6] ; jusqu'à faire des œuvres de charité, comme un manteau protecteur, pour couvrir nos fautes et

---

[1] *Petrus dixit ei : Ecce nos relinquimus omnia, et secuti sumus te : quid ergo erit nobis.* Saint Mathieu, XIX, 27.

[2] Saint Mathieu, XIV, 13-21.

[3] Ecclesiat., XXXV, 17-18.

[4] Saint Luc, VII, 10-15.

[5] Act. Apost., IX, 36-42.

[6] *Venite ad me, omnes qui laboratis et onerati estis, et ego reficiam vos.* Saint Mathieu, XI, 28.

nos imperfections, et les dérober ainsi aux regards et à la justice de son père [1].

Libéral jusqu'à promettre une récompense pour un simple verre d'eau froide, offert en son nom à celui qui a soif [2]; jusqu'à donner son Paradis au bon larron, pour un sympathique mouvement de cœur [3]; jusqu'à s'interdire, au grand jour des justices, de juger quiconque n'aura jamais porté sur ses frères, ici-bas, qu'un regard de bonté et de bienveillance [4]; jusqu'à pardonner à ses bourreaux et jeter sur leur déicide, pour le dérober aux justes vengeances de son Père, l'excuse de l'ignorance [5].

Libéral jusqu'à porter le fardeau écrasant de nos misères et de nos fautes; jusqu'à se couvrir du vêtement ignominieux de nos iniquités, afin que la décharge de la vengeance divine se fasse sur lui seul [6].

Libéral jusqu'à verser son sang pour le rachat du monde; jusqu'à en pousser les flots bénis sur tous les rivages, afin qu'aucune âme de bonne volonté ne reste en dehors de sa vertu régénératrice [7].

Si l'on regarde maintenant à la seconde acception du mot, Notre-Seigneur Jésus-Christ ne l'a-t-il pas réalisé dans ce qu'elle a de plus noble?

[1] *Charitas operit multitudinem peccatorum.* I. Epist. sancti Petri, iv, 8.

[2] *Et quicunque potum dederit uni ex minimis istis calicem aquæ frigidæ tantum... non perdet mercedem suam.* Saint Mathieu, x, 42.

[3] *Hodie mecum eris in Paradiso.* Saint Luc, xxiii, 43.

[4] *Nolite judicare, ut non judicemini.* Saint Mathieu, vii, 1. — *Nolite judicare, et non judicabimini; nolite condemnare et non condemnabimini.* Saint Luc, vi, 37.

[5] *Pater, dimitte illis, non enim sciunt quid faciunt.* Saint Luc, xxiii, 34.

[6] *Ecce agnus Dei, ecce qui tollit peccata mundi.* Saint Jean, i, 29. — *Eum qui non noverat peccatum, pro nobis peccatum fecit.* II. Epist. ad Cor., v. 24. — *Christus nos redemit de maledicto legis, factus pro nobis maledictum.* Epist. ad Gal., iii, 13.

[7] *Pro omnibus mortuus est Christus.* II. Epist. ad Cor. v, 15.

Il a été libéral, c'est-à-dire respectueux de la liberté individuelle, jusqu'à se faire solliciteur auprès de Saul, sur le chemin de Damas, pour obtenir de lui qu'il cesse de poursuivre les chrétiens ; jusqu'à ne vouloir de son acquiescement à la mission d'apôtre qu'il veut lui confier, que lorsque le persécuteur est subjugué par l'évidence de la vérité, qu'il est inondé par un torrent de lumière qui descend du ciel [1].

Libéral jusqu'à ne permettre jamais à sa grâce de sortir du lit que lui a creusé la miséricorde divine, pour atteindre des âmes qui n'en voudraient pas.

Libéral, c'est-à-dire respectueux de l'inviolabilité du domicile, jusqu'à demander à Zachée la permission d'entrer chez lui, même pour y porter une grâce de salut [2].

Libéral, c'est-à-dire respectueux des droits de tous, jusqu'à chasser à coups de fouet les vendeurs du temple, pour remettre chacun à sa place, le prêtre dans le lieu de la prière et du sacrifice, et le marchand sur la place publique ou dans son comptoir [3].

Libéral, c'est-à-dire respectueux de la foi politique jusqu'à prescrire de ne point retirer d'une main ce qu'on a donné de l'autre, et de payer le tribut à César, quand on a reconnu son autorité [4].

Libéral, c'est-à-dire à l'âme ouverte aux grandes idées,

[1] *Subito circumfulsit eum lux de cœlo... Saul, Saule, quid me persequeris ?* Act. Apost., IX, 3-4.

[2] *Zachée, festinans descende, quia hodie in domo tua oportet me manere. At ille festinans descendit, et excepit illum gaudens... hodie salus domui huic facta est.* Saint Luc, XIX, 5-10.

[3] *Et cum fecisset quasi flagellum de funiculis, omnes ejecit de templo, etc.* Saint Jean, II, 15 et saint Luc, XIX, 45.

[4] *Cujus est imago hæc, et superscriptio ? Dicunt ei : Cæsaris... reddite ergo quæ sunt Cæsaris, Cæsari...* Saint Mathieu, XXII, 16-22.

jusqu'à rompre avec les interprétations formalistes des Pharisiens, en s'affranchissant de la rigueur littérale des textes, dont ils faisaient une carapace fermée, dans laquelle étouffait l'esprit de la loi; jusqu'à proclamer hautement par la guérison, le jour du sabbat, de la main paralysée d'un homme, que Dieu trouve sa gloire bien mieux dans les actes du cœur et l'exercice de la charité, que dans les semblants de prière et le rigorisme d'une dévotion étroite et toute extérieure [1].

Libéral, c'est-à-dire plein d'une respectueuse compassion pour la faiblesse et l'ignorance du peuple, jusqu'à s'indigner contre les Pharisiens et tancer vertement leur hypocrisie, lorsque, afin de mieux tromper, ils s'affublent, dans leurs parades en public, du masque de la vertu [2].

Libéral, c'est-à-dire respectueux de l'égalité de tous devant Dieu, jusqu'à ne tenir aucun compte du dehors si souvent trompeur des hommes et des choses ; jusqu'à détourner ses regards du riche impie qui place son mérite dans ses trésors [3], pour les arrêter avec amour sur l'humble ouvrier chrétien qui travaille ; jusqu'à lancer un anathème contre le pharisien qui fait devant l'autel le pompeux étalage de ses semblants de vertu, et préconiser l'humilité du publicain qui se prosterne, la face contre terre, derrière un pilier du temple [4] ; jusqu'à ne point regarder dans les

---

[1] Saint Mathieu, xii, 10-14.

[2] *Progenies viperarum, etc.* Saint Mathieu, iii, 7-11. *Nunc vos, Pharisæi, quod deforis est calicis et catini, mundatis : quod autem intus est vestrum, plenum est rapina et iniquitate.* Saint Luc, xi, 39.

[3] *Væ vobis divitibus.* Saint Luc, vi, 24. — *Dignus est enim operarius mercede sua.* Saint Luc, x, 7. — Saint Mathieu, x, 10.

[4] Saint Luc, xviii, 10-15.

actes le vêtement qui les couvre, mais seulement l'intention qui les anime, et proclamer hautement que l'obole de la veuve s'inscrit dans le grand livre des mérites comme une valeur équivalente et quelque fois supérieure aux magnifiques présents des riches [1].

Libéral, c'est-à-dire respectueux des usages du monde, quand ils n'ont rien de contraire à la loi de Dieu, jusqu'à porter la bénédiction de sa présence parmi les gais invités des noces de Cana [2].

Libéral, c'est-à-dire respectueux de la joie populaire, quand son but est légitime, jusqu'à lui permettre, au jour de son entrée solennelle à Jérusalem, de bruyantes manifestations et de joyeux hosanna [3].

Libéral, jusqu'à laisser à tout homme ici-bas l'entière responsabilité de ses pensées, de ses sentiments et de ses actes [4]; mais en même temps si désireux de nous épargner des défaites qu'il ne permet jamais aux tentations d'excéder nos forces [5], et si heureux de nos efforts qu'il ne manque pas de nous offrir dans les épreuves vaillamment supportées une grâce de persévérance [6].

Libéral jusqu'à demander à boire, sur le bord du puits de Jacob, près de Sichar, à une femme de la tribu des Samaritains, regardés par les Juifs comme schismatiques,

---

[1] *Vere dico vobis, quia vidua hæc pauper, plusquam omnes misit.* Saint Luc, xxi, 1-3. — Saint Marc, xii, 41-44.

[2] Saint Jean, ii, 1-12.

[3] Saint Jean, xii, 12-13 — Saint Mathieu, xxi, 8-9. — Saint Luc, xix, 37-38.

[4] *Reddet unicuique secundum opera ejus.* Saint Mathieu, xvi, 27.

[5] *Fidelis autem deus est qui non patietur vos tentari supra id quod potestis.* Ad Cor. I, x, 13.

[6] *Sed faciet etiam cum tentatione proventum ut possitis sustinere.* Ad Cor. I, x, 13.

afin de bien montrer à tous qu'il n'est pas le Messie d'une caste ou d'un peuple, mais qu'il appelle à lui tous les hommes sans acception de personnes [1].

Libéral, c'est-à-dire respectueux des prescriptions légales, jusqu'à se faire l'esclave de la loi mosaïque [2]; jusqu'à ne laisser point sans accomplissement un seul iota des prédictions que Dieu son père avait placées sur les lèvres des prophètes : *Consummatum est.*

Libéral, c'est-à-dire favorable aux intérêts généraux des nations, jusqu'à s'exposer à la haine et aux fureurs des sectaires pharisiens, en leur donnant à entendre que leurs préjugés et leurs dédains pour quiconque n'appartenait pas à leur caste, étaient peu patriotiques; en affirmant bien haut devant eux que le principe de toute grandeur et de toute prospérité pour un peuple, c'est l'union des citoyens dans une noble réciprocité de confiance, d'estime et de bons offices, c'est l'entente cordiale et la main dans la main, le concours de tous au bien général [3].

Libéral, c'est-à-dire pris d'amour pour la liberté et la gloire de sa patrie, jusqu'à verser des larmes sur elle, un jour que, pénétrant de son regard l'avenir, il entrevoyait des phalanges ennemies venir en faire le siège, renverser ses remparts et en disperser les pierres aux quatre vents du ciel [4].

---

[1] Saint Jean, IV, 5-16. *Epistola ad Rom.*, II, 11 : *Non enim est acceptio personarum apud Deum.*

[2] *Nolite putare quoniam veni solvere legem aut prophetas, non veni solvere, sed adimplere.* Saint Mathieu, V, 17. *Opus consummavi quod dedisti mihi ut faciam.* Saint Jean, XVII, 4.

[3] Saint Mathieu, XII, 24-28.

[4] Saint Luc, XIX, 41-45.

Il y a dans le monde un sublime symbole de ce double libéralisme de N.-S. Jésus-Christ, c'est la croix. N. S. Jésus-Christ y est représenté comme sur le Calvaire, la tête couronnée d'épines, les pieds et les mains percés, le côté ouvert, afin de rappeler éloquemment aux hommes qu'il a été libéral jusqu'à donner tout son sang pour les sauver, et qu'il a droit d'attendre que leur amour pour lui et leur dévouement les uns pour les autres, soient capables d'atteindre ce sacrifice. Ses bras sont étendus et grands ouverts, pour bien marquer qu'il les attend tous. Ils ne se ferment jamais, pour proclamer hautement que personne n'est contraint de rester sur son cœur, qu'on peut toujours s'en aller et qu'il ne faut là que des âmes libres et convaincues. C'est au pied de la croix que tous les dévouements et toutes les libertés ont pris naissance.

Voilà pourquoi les tyrans, qui n'aiment pas les hommes libres, parce qu'ils osent se tenir debout en leur présence et les regarder en face ; qui détestent les âmes généreuses, parce qu'elles ont assez de ressort pour briser les chaînes de la servitude, voilà pourquoi les tyrans n'ont rien de plus pressé à faire, lorsqu'ils arrivent au pouvoir, que de renverser la croix et d'en cacher les débris aux peuples opprimés, de peur qu'ils n'en gardent le souvenir et ne songent à la redresser quelque jour comme le symbole du dévouement et de la liberté.

Certes, le clergé, on le comprend facilement par ce simple aperçu, avait la partie belle pour démontrer que les philosophes du dix-huitième siècle n'étaient que des plagiaires, qui avaient dérobé à l'Évangile le suc et la moelle de leurs écrits ; que leur philanthropie avait jailli de leur frottement avec la société chrétienne ; que leur libéralisme n'était qu'un fruit détaché de l'arbre de la croix, mais dépouillé par l'attouchement de leurs mains peu délicates de sa beauté et de sa fraîcheur.

C'était le cas de crier bien haut qu'ils venaient de renouveler la scène étrange et hideuse, qui se passa, pendant la passion, lorsque le gouverneur de Judée, Ponce Pilate, les mains peut-être bien blanches, pour les avoir soigneusement lavées devant le peuple, mais la conscience toute noircie d'une inavouable lâcheté, eût abandonné N.-S. Jésus-Christ aux fureurs de la populace. Des soldats grossiers s'empressèrent de le conduire au prétoire et de le dépouiller de ses vêtements Puis pour en faire comme un roi de théâtre et le jouet de leurs sacrilèges amusements, ils jetèrent sur ses épaules un manteau d'écarlate, mirent sur sa tête une couronne d'épines et dans sa main un roseau en guise de sceptre.

C'était trait pour trait le même tableau que la philosophie du dix-huitième siècle venait orgueilleusement offrir à l'admiration de la société française. Seulement plus avare que la soldatesque de Pilate, qui rendit à N.-S. sa robe sans couture, la philosophie, après avoir enlevé à Jésus-Christ le vêtement d'honneur et tout éclatant de reflets divins, que lui faisaient sa morale si pure, sa vie si sainte, sa doctrine tout à la fois si profonde et si simple, si respectueuse des droits de Dieu et si protectrice de la dignité humaine, voulait le garder, non pour l'endosser tel quel, mais pour s'y couper un habit à sa taille. Puis elle jetait dédaigneusement sur l'ancienne et toujours nouvelle victime, le ridicule oripeau de quelques phrases admiratives, mettait sur sa tête, pour remplacer l'auréole de la divinité, la couronne qu'on décerne aux savants et aux bienfaiteurs de l'humanité.

Les écrits des philosophes n'étaient pas seulement des œuvres séduisantes par leur vernis libéral et philanthropique, mais encore tout un arsenal où les incroyants allaient prendre leurs armes pour monter à l'assaut de l'Église et travailler à l'œuvre sacrilège de son démantèlement.

Ce n'était sans doute que de la vieille ferraille, ramassée un peu dans tous les siècles et brisée en mille morceaux par la robuste logique des apologistes et des docteurs chrétiens. La refonte et la trempe nouvelle qu'on lui avait donnée, ne la rendaient pas meilleure. Mais encore fallait-il en avoir raison et choisir pour cela, parmi les fortes armures de l'apologétique, de la saine théologie, de la sage interprétation des divines écritures et du bon sens, celles qui pouvaient le mieux parer les coups des erreurs nouvelles.

Il y avait aussi à mettre à nu la morgue, l'impudence et la folie des jeunes incrédules, qui, sans égard pour la majesté que faisaient à l'Église ses dix-huit siècles d'existence et de travail; sans respect pour la consécration solennelle qu'elle avait reçue de l'obéissance et de l'amour de tant de générations; sans reconnaissance pour les services qu'elle avait rendus et les bienfaits qu'elle répandait partout et sur tout; sans intelligence des merveilleuses harmonies de ses dogmes, de la pureté de sa morale et des beautés de son culte; sans aucun souci des besoins des âmes, s'acharnaient à renverser le seul édifice qui fût un abri sûr et durable contre l'erreur, le doute, le dévergondage des mœurs; le seul où l'on ait trouvé jusqu'alors et où l'on pouvait trouver encore le rassasiement des meilleures et des plus hautes aspirations.

Pour confondre enfin, par un argument irrésistible, la fatuité des tenants de la philosophie voltairienne, il eût fallu ouvrir la polémique des résultats et convoquer à de solennelles assises, d'un côté la tourbe révolutionnaire de 93, dont l'acte de naissance est authentiquement enregistré dans les écrits de Voltaire, de J.-J. Rousseau et consorts ; de l'autre cette lumineuse pléiade de saints et de saintes, qui reçoivent leur baptême de N.-S. Jésus-Christ et ne cessent de dérouler, depuis dix-huit siècles, les flots bienfaisants de leur interminable procession.

Pour ridiculiser leur prétention au monopole intellectuel et philanthropique, il n'eût été besoin que de réciter la litanie des grands docteurs de l'Église, qui de saint Paul à Bossuet ont jeté tant de lumière sur les questions les plus ardues, et porté si haut la gloire de l'esprit humain ; et cette autre litanie non moins glorieuse des héros de la charité chrétienne, qui, avec saint Pierre, dans le palais du sénateur Pudens, sur le Quirinal, à Rome, commencent, pour ne l'interrompre jamais, le grand et sublime travail de la consolation des âmes et du soulagement des souffrances du corps. Que de noms à rappeler, car dans tous les drames de la misère, la charité chrétienne n'a pas manqué une seule fois de venir jouer son rôle bienfaisant, en ouvrant aux affligés son cœur et ses mains !

Eh bien ! chose triste à dire, on vit le clergé de tout ordre, malgré la vivacité de sa foi, la grandeur et la sainteté de la cause qu'il avait à défendre, malgré les ressources admirables, qui étaient sous sa main, malgré la science de quelques-uns de ses membres, on vit, dis-je, le clergé se calfeutrer dans le silence, la timidité, la défiance de lui-même, n'osant point fouetter par la satire la jactance philosophique, ni essayer le redressement des erreurs et le repoussement des attaques, qui lui venaient de tous côtés. La lutte ne lui paraissait pas entrer dans les devoirs de son ministère. Habitué à la protection, il comptait sur la Monarchie et s'en rapportait pleinement à elle pour veiller sur l'Église.

Peut-être aussi eut-il trop devant les yeux la réprimande de N.-S. Jésus-Christ [1] à cet apôtre, qui, dans un mouvement de zèle pour défendre son maître, avait coupé l'oreille à un des serviteurs du grand prêtre; ou du moins en comprit-il mal le sens ! Car s'il ne faut jamais couper les oreilles à personne, il est bon quelquefois de les tirer.

Presque seul l'abbé de La Mennais eut le courage de descendre dans la lice et d'y combattre à outrance. Il avait le génie; par malheur l'humilité et la charité lui manquaient. On sait assez qu'il dénatura le grand et beau rôle d'apologiste, et dépensa le meilleur de ses forces, à décocher contre ses adversaires, des flèches barbelées de colère, de mépris et de haine.

---

[1] Saint Mathieu, xxvi, 52; Saint Jean, xviii, 10·11.

V

MANQUE D'INITIATIVE DU CLERGÉ. — CRÉATION DE QUELQUES ŒUVRES PARTICULIÈRES

CE n'est pas tout encore. L'initiative fit grandement défaut au clergé. Les prêtres et les évêques tournaient vers le passé de langoureux regards et rêvaient de ce bon vieux temps où les paroisses et les diocèses étaient comme des fiefs relevant d'une monarchie chrétienne, où le roi mettait en mouvement et dirigeait toutes les œuvres. De plus la liberté, qui venait de faire en France son entrée solennelle, au milieu de ce cortège de licences que lui forme, partout où elle va, le péché originel, leur était une vision sinistre. Ils en levaient les bras au ciel, se signaient dévotement et priaient Dieu d'éloigner les orages qu'ils croyaient voir déjà s'amonceler à l'horizon.

Tout cela partait d'un bon naturel, mais n'était propre qu'à donner le change sur le véritable rôle à remplir. Il eut mieux valu chasser les rêves et ouvrir gaillardement les deux bras à la liberté, quitte à entreprendre avec les misères qui formaient sa suite, une lutte corps à corps. Car la liberté est une bonne et sainte chose, et bien qu'elle dégénère souvent en licence, ce n'est pas une raison pour désirer qu'une main puissante lui torde le cou. Sans elle, mais ce serait le règne de la force et de l'hypocrisie. Sans elle, mais que deviendrait la dignité humaine ? Où serait la valeur des nobles sentiments, des hautes pensées et des généreux efforts ? Où irait-on chercher cette couronne de mérites qui va si bien au front de l'homme vertueux et qui fait croire aux anges, quand ils regardent la terre, que quelqu'un des leurs a laissé tomber parmi nous son diadème ?

Ce n'est pas la liberté qu'il faut bannir d'ici-bas ; ce sont les mille obstacles qui viennent en fausser l'exercice. Ce n'est pas la volonté de l'homme qu'il faut enchaîner au bien, c'est le chemin pour y arriver qu'il faut aplanir et débarrasser de toute pierre d'achoppement. Ce n'est pas même à l'anéantissement des passions qu'il faut travailler, mais au bon choix de leur aliment.

Et quand la licence vient, sous un faux dehors de liberté, étaler ses scandales, ce n'est point de se signer qui fait grand'chose, mais d'aller droit à elle et de lui briser son masque.

Et quand les âmes se précipitent vers le mal, ce n'est pas de lever les bras au ciel qui peut les retenir, mais de tendre vers elle des mains pleines d'affectueuses étreintes.

En parlant ainsi, nous n'avons pas l'intention de formuler un blâme contre le clergé. Car s'il nous est aisé à nous, qui regardons de loin, qui jugeons de sang-froid et en pleine connaissance des faits accomplis, d'indiquer, après coup, la ligne de conduite qu'il aurait fallu tenir, il l'était moins pour lui. Il n'avait ni assez de jeunesse pour ne point regarder en arrière, ni assez d'expérience de la lutte pour bien oser entrer en lice, ni assez de calme pour se tenir en dehors des agitations politiques et apprécier sainement les choses. Son état était, comme on l'a vu, celui d'une âme fascinée par des rêves ou troublée par la peur. Dès lors tout raisonnement cesse, tout mouvement s'arrête dans les membres, et la vie paraît atteinte jusque dans sa source. La responsabilité ne peut plus être entière.

Ce n'est pas à dire pourtant que l'inaction fût comme un mot d'ordre donné à tous les catholiques et qu'il n'y eût pas çà et là quelques bonnes et généreuses entreprises pour sauvegarder les intérêts sacrés des âmes.

Au premier rang des travailleurs vient se placer la Compagnie de Jésus.

Les Jésuites, rentrés en France par la protection toute-puissante du cardinal Fesch, s'étaient abrités d'abord sous le nom de Pères de la Foi, pour n'éveiller point les vieilles préventions dont l'esprit janséniste et l'esprit philosophique avaient préparé l'ameutement et enfin décidé l'explosion contre eux au dix-huitième siècle. A l'avènement des Bourbons, ils quittèrent ce nom d'emprunt, et sans provocation comme sans crainte des regards, commencèrent l'organisation de tous les services prescrits par leurs statuts. Une maison centrale fut établie à Montrouge et un collège à Saint-Acheul. C'est là que Son Éminence le cardinal Caverot, archevêque de Lyon, fit ses premières études et obtint ses premiers succès. Ils fondèrent en outre des succursales sur plusieurs points de la France, entre autres à Dôle et à

Montmorillon ; reçurent la direction de plusieurs petits séminaires ; donnèrent de nombreuses missions et se mirent même à écrire des livres. Il y eut dans cette illustre Compagnie jusqu'à son expulsion en 1828, une féconde activité.

En 1826, un ancien membre de la droite à l'Assemblée constituante, le comte de Montlosier avait publié un mémoire contre le parti prêtre. A l'en croire la France était gouvernée, sans le savoir, par une société secrète, la Congrégation, sous la direction des Jésuites, et c'était un devoir de sonner le tocsin contre un tel péril. Dès lors la compagnie de Jésus devint si bien le bouc émissaire des haines politiques et des passions antireligieuses que, lorsque M. de Montlosier demanda à la Chambre des Pairs de remettre en vigueur, contre elle, les arrêts du Parlement et l'édit de Louis XV, il obtint une majorité de cent treize voix contre septante-trois. Le ministère qui succéda à celui de M. de Villèle fit signer à Charles X, le 16 juillet 1828, des ordonnances d'expulsion.

La fondation par MM. de Forbin-Janson et Rauzan des missions de France fut aussi une grande conception et une sage initiative. Car s'il est des temps et des lieux où l'Église gouverne en souveraine les intelligences et n'a besoin que de combattre les désordres qui sont comme le cortège obligé de la faiblesse humaine, il est aussi des temps et des lieux où il faut le déploiement de toutes ses forces, de sa haute raison, de son éloquence, de ses appels chaleureux, pour terrasser l'erreur qui chante victoire, jeter dans les esprits prévenus des flots de lumière, ébranler les cœurs rebelles ou indifférents et leur faire la douce blessure du sentiment religieux.

Or, on était en France, à un moment d'affaissement profond de la religion dans les âmes. Car la foi, d'abord ébranlée par les controverses philosophiques du dernier siècle, fortement atteinte plus tard par la fermeture des églises, l'exil du clergé et ces longues guerres qui avaient absorbé tous les efforts et rempli toutes les années de l'Empire, allait s'affaiblissant de plus en plus dans les hommes de l'âge mûr, sous l'action dissolvante des divisions politiques. Quant à la jeunesse qui sortait des écoles, il ne fallait même pas lui prononcer le nom de l'Église. De plus la liberté de la parole humaine, qui venait de recevoir sa consécration des institutions publiques, avait grandement besoin de trouver un contrepoids dans l'activité de la parole évangélique.

L'œuvre des missions de France pouvait donc rendre d'inappréciables services. Malheureusement elle fut compromise par un imprudent mélange de propagande politique à l'apostolat. Malheureusement aussi, malgré les exemples de solide prédication et de véritable éloquence donnés par le supérieur, M. Rauzan, la parole de plusieurs membres de l'Association fut plus remplie de sentimentalisme que de doctrine, plus propre à frapper l'imagination que le cœur, à produire un ébranlement passager qu'une vraie conversion.

L'œuvre des catéchismes de persévérance, fondée à Paris, et où MM. de Quelen, Borderies, Letourneur, Feutrier, Gallard, conquirent leur premier titre à l'épiscopat, donna aussi un salutaire exemple. L'idée en fut accueillie comme bonne et féconde aux Chartreux ; et aussitôt notre chapelle dite des Retraites, s'ouvrit à toutes les personnes désireuses de compléter leur instruction chrétienne.

A Lyon, au commencement de l'Empire, le cardinal Fesch avait déployé une activité prodigieuse et mis en mouvement les idées et les hommes. C'est ainsi qu'après avoir constitué la partie administrative et pastorale de son immense diocèse [1] il commençait en 1803 l'organisation du service actif de la parole évangélique.

Mais bientôt l'appel à Paris de M. de Villers, qu'il avait placé à la tête de ses missionnaires, entraîna leur dispersion. Cet insuccès ne lui fit rien perdre de ses espérances.

Le 13 mai 1807, à son retour d'une visite pastorale, à Neuville, Trévoux, Thoissey, Montmerle, Fareins, Pont-de-Vaux, Châtillon, Pont-de-Veyle, Bourg, il installa dans la maison des Chartreux, comme supérieur des missions de son diocèse, M. l'abbé Rauzan [2].

La Société naissante semblait devoir combler tous ses vœux. Déjà il songeait à lui donner, pour champ d'action, la France entière, lorsqu'un décret parti de Schœnbrunn en Autriche, le 26 décembre 1809, vint frapper de dissolution toutes les sociétés religieuses. Le cardinal tenta, à plusieurs reprises, mais sans succès, de vaincre la volonté autocratique de l'Empereur et de soustraire son œuvre au coup de mort. Toutefois il ne perdit pas l'espoir de la reprendre un jour.

Après la chute de l'Empire, le refus formel qui lui fut

---

[1] Le diocèse de Lyon comprenait alors les trois départements, du Rhône, de la Loire et de l'Ain.

[2] M. l'abbé Rauzan et M. de Forbin-Janson furent les fondateurs des missions de France, sous la Restauration.

fait par le ministère de Louis XVIII, de rester en France et de se consacrer à l'administration de son diocèse, l'obligea de prendre le chemin de l'exil, mais en quittant Lyon, il confia à son vicaire général, M. Bochard, sa pensée et ses projets, pour leur donner le plus tôt possible une organisation vivante. C'est ainsi que fut fondée la Société des prêtres de Saint-Irénée aux Chartreux, qui, depuis bientôt soixante-dix ans, donne, sous l'autorité et la haute direction des archevêques de Lyon, à l'œuvre des missions et des retraites son labeur le plus infatigable et le plus dévoué, à l'enseignement secondaire et supérieur une grande partie des forces vives de son intelligence et de son cœur. Le ministère souvent si pénible et si plein de sollicitude des paroisses et des aumôneries n'y est pas mis en oubli. La Société possède pour ses services un corps de réserve, qui se recrute quelquefois parmi les jeunes soldats mais où prennent rang surtout ceux qui ont porté longtemps le fardeau de la prédication ou de l'enseignement.

La fondation de la maison des Chartreux par le cardinal Fesch fut, il nous est permis de le dire, une heureuse et féconde initiative. Nous garderons le silence sur les services qu'elle a rendus, sur le bien qu'elle a fait et sur celui qu'elle est appelée à faire encore, car si un fils est toujours heureux d'entendre parler des gloires et des vertus de sa mère, ce n'est pas à lui à les raconter. On pourrait croire à un peu d'égoïsme de sa part et à un secret désir de recevoir un reflet des éloges que la vérité lui mettrait sur les lèvres. Il nous suffit de porter dans le cœur l'amour sincère de notre maison des Chartreux, de nous associer à son dévouement pour la chaire infaillible de

Pierre, d'applaudir, dans l'intime de notre âme, à cette soumission filiale qu'elle a toujours donnée aux archevêques de Lyon, à ces généreux efforts, dont elle n'a jamais marchandé le bienfait à personne, à ces sacrifices qu'elle est prête à s'imposer tous les jours pour le bien de l'Église et des âmes.

Il faut mentionner encore la grande œuvre, qui est connue et bénie du monde entier, parce que son or a ouvert aux missionnaires des routes sur toutes les plages et chez tous les peuples et que la prière de ses associés y a fait marcher à leur suite la grâce de Dieu ; l'œuvre qui est pour l'Église de Lyon, sa plus belle gloire, après celle qui lui vient de ses martyrs. Si nous nommons ici la Propagation de la foi, ce n'est point parce que l'idée première en vint du clergé ; non, il faut en laisser l'honneur et le mérite à une pieuse femme de Lyon, qui commença en 1820, à recueillir quelques aumônes pour le séminaire des missions étrangères à Paris ; mais parce que la sainte entreprise de cette femme devint dans la main d'un prêtre en 1822 une grande association, pour favoriser les missionnaires catholiques de l'univers entier ; parce que, en second lieu, tout le clergé lyonnais ne manqua pas de lui donner ses encouragements [1].

Cette œuvre paraît être entièrement au profit des peuples étrangers. Elle fut pourtant une initiative féconde pour la préservation de la foi et son accroissement dans l'âme des associés. Car l'exercice de la charité est ce qu'il y a de plus

---

[1] *Annales de la Propagation de la foi*, tome XV, p. 172 et suivantes.

puissant, pour éloigner du cœur les tentations mauvaises et fortifier en lui la vie chrétienne. La foi, l'espérance et la charité sont comme trois sœurs, qui se tiennent par la main et marchent toujours ensemble. Quand l'une d'elles fait son entrée dans une âme, les deux autres la suivent et partagent bientôt l'hospitalité qui lui est offerte.

Si nous pouvions emprunter, pour un moment, le regard des anges, nous verrions comment s'opère le retour d'un bienfait à son point de départ ; comment dans la main qui s'ouvre pour l'aumône, Dieu fait arriver tout à la fois la rémission des péchés, une grâce de conversion ou une bénédiction préservatrice ; comment dans le cœur qui donne une prière au salut de ses frères, il fait descendre une lumière abondante et quels merveilleux mouvements il lui imprime vers les œuvres de la foi et les aspirations de l'espérance [1].

N'est-ce point par ses prières et ses aumônes que le centurion Corneille, de la légion italique, mérita de recevoir la grâce de la foi chrétienne ? Dieu lui députa un ange pour l'avertir qu'une des trois sœurs n'avait point encore reçu l'hospitalité dans son âme, mais que sa place était prête et que les deux autres l'Espérance et la Charité l'attendaient [2].

Enfin, je ne dois point passer sous silence l'initiative intelligente autant que modeste qui donna le jour à votre

[1] *Dabis ei... ut benedicat tibi dominus Deus tuus in omni tempore et in cunctis ad quæ manum miseris.* Deut. xv, 10... *ut benedicat tibi Dominus Deus tuus in omni opere manuum tuarum.* Deut. xxv, 19. — Epistole sancti Petri, I, vi, 8. *Charitas operit multitudinem peccatorum; — date eleemosynam et ecce omnia munda sunt vobis.* Saint Luc, xi, 4.

[2] Actes des apôtres, ch. x.

Société. Il n'y eut pas de bruit autour de ce berceau. On n'y vit point ces pompes et ces cérémonies qui, d'ordinaire, accompagnent la naissance des personnages illustres ou qui inaugurent nos grandes institutions. Lyon ne sut rien de l'enfantement de votre œuvre. On ne lui donna pas même un état civil. Son nom ne fut inscrit que dans les registres de la paroisse des Chartreux et dans le cœur de ceux qui furent vos pères. Aussi la grâce de Dieu, qui réserve ses plus abondantes faveurs et ses plus tendres caresses pour l'humilité, put, tout à son aise, lui prodiguer ses embrassements sacrés.

Ce n'est là assurément qu'une énumération tout à fait incomplète des bonnes et saintes œuvres, entreprises par l'initiative privée, mais il n'en est pas moins constant qu'elles furent trop peu nombreuses pour une époque qui avait besoin, non seulement de toute l'activité du zèle sacerdotal, mais de toutes les ressources, de toutes les industries pieuses que savent créer les âmes qui ont l'intelligence des besoins de leur temps.

VI

ÉTAT RELIGIEUX ET MORAL DES COLLÉGES ROYAUX
IRRÉLIGION DE LA BOURGEOISIE

QUE dire maintenant de l'état religieux et moral des collèges royaux?

La plupart des maîtres étaient dignes d'estime, et si l'enseignement universitaire ne fut point toujours assez empreint de foi chrétienne, du moins presque partout il resta respectueux de la religion. Mais hélas! par une situation plus forte que les hommes, des professeurs chrétiens ne trouvaient dans leurs élèves que des cœurs flétris avant l'âge, et des esprits où le sens du surnaturel avait été perverti ou même complètement éteint. Ce mal était à un degré à peine croyable aujourd'hui, bien qu'on soit parvenu à créer dans beaucoup d'écoles une atmosphère toute d'incroyance et de mépris pour l'Église.

Ces élèves acceptaient tant bien que mal les leçons qui leur étaient données, mais se refusaient à recevoir, là où elle leur était offerte, l'empreinte morale qu'un père met sur l'âme de son enfant et un maître sur celle de son disciple. C'était partout l'envahissement de ce libertinage qu'avait enfanté le dix-huitième siècle.

Pour se faire une idée de cette dévastation dans les esprits et les cœurs, il suffit de lire le mémoire qui fut adressé à Monseigneur de Quelen, archevêque de Paris, par les aumôniers des neuf collèges royaux de la capitale, en 1830, quelques jours avant le coup de tonnerre qui renversa le trône de la branche aînée des Bourbons.

« Persuadés, disent-ils, que les malheurs de la Religion, dans l'Université, tiennent à des causes générales, les soussignés écarteront toute question locale et personnelle. Ils se bornent à signaler l'état religieux et moral des collèges royaux de Paris, se souvenant néanmoins, dans leur exposé, des barrières mille fois sacrées que le ministère, dont ils sont honorés, leur interdit de franchir...

« Les enfants qui leur sont confiés sont à peine entrés dans l'Université, que déjà les bons sentiments qu'ils ont puisés dans leurs familles, commencent à s'altérer. Un ennui marqué les accompagne dans les exercices les plus simples, les plus nécessaires de la vie chrétienne, et c'est beaucoup si, aux approches de la première communion, pendant quelques jours seulement, on peut les faire sortir de l'état machinal, dont ils ont contracté l'habitude dans l'accomplissement de leurs devoirs religieux. S'il en est quelques-uns qui demeurent fidèles à leurs premiers sentiments, ils chercheront à les cacher comme un secret funeste. On les verra affecter une légèreté qu'ils n'ont pas et demander grâce en mille façons de valoir un peu mieux que leurs condisciples. Le respect humain fatigue ainsi ces âmes tendres par une persécution sourde et continuelle, quelquefois même plus ouverte; l'idée du bien ne leur apparaît qu'avec l'idée de la honte; ils n'osent prier qu'en fermant le livre de la prière; le signe de la croix devient pour eux un acte de courage, et dans une nombreuse assemblée de ces enfants, réunis pour adorer Dieu, un étranger ne soupçonnerait pas toujours s'ils sont chrétiens, avant d'avoir regardé l'autel.

« Leur foi n'a pas encore péri; mais, un peu plus tard, entre quatorze et quinze ans révolus, nos efforts deviennent inutiles. Nous perdons alors toute influence religieuse sur eux, de telle sorte que, dans chaque collège, les classes réunies de mathématiques, philosophie, rhétorique et seconde, comptent à peine, sur quatre-vingt-dix ou cent, sept à huit élèves qui remplissent le devoir pascal...

« Les voilà donc, à quinze ans, sans règle de leurs pensées, sans frein pour leurs actions, si ce n'est une discipline extérieure qu'ils abhorrent et des maîtres qu'ils traitent comme des mercenaires. La crainte des châtiments et l'intérêt de leur avenir donnent seuls à l'esprit de révolte dont ils sont imbus, quelques apparences de soumission; et fatigués d'une vie que la Religion n'adoucit en rien, ils regardent le collège comme une prison et leur jeunesse comme un temps de malheur.

« Enfin, quand le cours de leurs études est achevé, parmi ceux qui sortent de rhétorique ou de philosophie, faut-il dire combien il en est dont la foi se soit conservée et qui la mettent en pratique? Il en est environ, chaque année, un par collège.

« Ainsi un aumônier qui consacrera huit années de sa vie à l'Université, peut espérer tout au plus de faire, dans ce laps de temps, huit à dix chrétiens, et, s'il a des collègues, comme nous en avons tous plusieurs, cette gloire même sera sujette à partage. Ainsi, un enfant envoyé dans une de nos maisons, composée de quatre cents élèves, pour y passer les huit années scolaires, n'a plus que huit ou dix chances favorables à la conservation de sa foi; tout le reste est contre lui, c'est-à-dire que sur quatre cents chances, il y en a trois cent quatre-vingt-dix qui le menacent d'être un homme sans religion. Tel est le chiffre qui exprime, dans l'Université, l'espérance; tel est le résultat final de tous nos travaux.

« Les faits, que nous avons signalés, sont connus des proviseurs et des autres fonctionnaires laïques, chargés de la surveillance dans l'Université, et nous n'avons rien dit qui ne s'accorde avec leurs secrets gémissements. »

Sans doute, l'irréligion n'avait point dans tous les collèges de France, comme dans ceux de la capitale, ce caractère de quasi-universalité; cependant les élèves y avaient reçu, dans la plupart, le reflet mauvais de l'impiété parisienne, et, par une conséquence fatale, y portaient aussi la plaie hideuse de la volupté. Car le libertinage ne saurait être confiné dans l'esprit; il faut qu'il descende jusqu'au cœur et aille chercher son brutal rassasiement dans les sens.

L'éducation primaire, dont la surintendance était restée dans la main des évêques, n'avait point subi, tout en souffrant sa part du malheur des temps, une déviation aussi fâcheuse. L'influence du clergé avait eu assez de force pour la retenir dans une voie meilleure et plus respectueuse des droits de Dieu et de son Église.

Ainsi, dans les collèges de l'État, malgré l'honorabilité

de la plupart des maîtres, malgré leur correction de langage ou tout au moins leur silence sur les choses de la religion, l'éducation des enfants de la Bourgeoisie était voltairienne, tandis que dans les classes de l'enseignement primaire, elle conservait encore son caractère chrétien. L'irréligion s'installait donc, tout à son aise, dans l'âme de ceux qui devaient former, comme on dit aujourd'hui, la classe dirigeante, et n'entrait dans l'âme du peuple que par ricochet, ou plutôt par voie de contact avec la bourgeoisie et par cette infiltration néfaste des mauvaises doctrines, qui se produit toujours de haut en bas dans une société.

Une telle éducation devait bientôt donner ses fruits, fruits de révolte contre l'autorité religieuse et civile, contre la morale et contre toute règle.

On pourrait presque dire qu'elle enfanta la Révolution de Juillet, où la jeunesse des écoles fit tant de tapage. Elle explique aussi pourquoi cette insurrection fut plus bourgeoise que populaire. La Bourgeoisie, il est vrai, ne se baissa guère pour dépaver les rues et dépensa peu de ses forces à élever les barricades, parce qu'elle crut que la dignité de sa personne, la délicatesse de ses mains, la finesse de ses habits et surtout l'importance de sa sécurité lui interdisaient ces travaux. Mais en revanche elle déploya beaucoup d'activité et de ruse pour trouver des manœuvres parmi les gens du peuple, et, moyennant une maigre solde, les enrôler à son service. Il lui importait peu que ce *vulgum pecus* chargeât ses mains de souillures à la triste besogne d'une émeute, qu'il y mît ses haillons plus complètement en lambeaux et qu'il perdît le sang de ses veines dans les saignées de la répression. Quand on est gorgé de bien-être et d'irréligion, le peuple n'apparaît-il pas comme un vil troupeau fait pour la peine et la souffrance ?

> Ce colosse à la mâle carrure,
> Ce vigoureux porte-haillons
> Ce sublime manœuvre, à la veste de burre
> Teinte du sang des bataillons ;
>
> Ce maçon, qui, d'un coup, vous démolit des trônes
> Et qui, par un ciel étouffant,
> Sur les larges pavés fait bondir les couronnes,
> Comme le cerceau d'un enfant [1],

n'est-il pas bien payé de son travail, de ses sueurs et de son sang, quand ceux qui lui ont ouvert le chantier de l'émeute, en retirent un bon profit et se déclarent satisfaits ?

A Lyon, pourtant, la classe bourgeoise fut obligée de prendre à sa charge à peu près tous les frais de *Marseillaise*, de *Ça ira*, de bruit, de cris séditieux, qui sont d'usage dans les insurrections. On la vit s'armer fièrement de fusils de chasse, de vieilles carabines rouillées, pour marcher à l'assaut de l'Hôtel de Ville et y installer des autorités de son choix. L'hésitation des chefs militaires, qui, faute d'ordres, n'osaient agir, fit son courage et son succès. Les ouvriers fussent demeurés étrangers à ce mouvement, sans la pression des principaux fabricants, qui les forcèrent de descendre dans la rue. Cette petite leçon d'émeute, donnée au peuple par les négociants, ne devait pas tomber dans l'oubli.

---

[1] Auguste Barbier. *Iambe*, de la Popularité.

Un peu plus tard, la bourgeoisie parisienne voulut à son tour mettre les mains à la pâte et au sac de Saint-Germain-l'Auxerrois, le 14 février 1831, on put constater que, parmi les dévastateurs sacrilèges et les assistants satisfaits de cette odieuse profanation, les « messieurs bien mis » formaient le plus grand nombre.

Quand elle eut escaladé le pouvoir, la bourgeoisie chercha d'abord, pour s'y maintenir, un point d'appui dans la plèbe à sa solde ; dans les demeurants de la grande époque révolutionnaire, où la France ne connaissait plus de culte public ; dans ceux de la génération suivante, qui avaient été élevés pour la guerre et par la guerre, et qui tous partageaient son irréligion ; enfin dans les jeunes blancs-becs, nouvellement échappés du giron universitaire. Puis avec ces renforts elle entreprit de démolir l'autorité religieuse, d'attaquer l'Église et de tirer vengeance de la protection que lui avait accordée la vieille Monarchie. Ce n'est pas de front qu'elle commença la guerre et après avoir déchiré le Concordat, mais par la ruse et ces mille vexations que sait inventer la mauvaise foi et qui sont ses armes de prédilection.

Dès ce moment, les Chambres s'empressent de retirer aux cardinaux l'allocation jusqu'alors accordée, et de diminuer le traitement des évêques. Les préfets montrent leur dévouement au nouvel ordre de choses par la délation du clergé et la suppression arbitraire de la modeste rétribution des curés ou desservants suspects d'hostilité politique. Partout on renverse les croix de mission, plantées avec tant d'éclat sous la Restauration ; partout on enlève le crucifix des salles d'audience ; partout on supprime, pour la rentrée des tribunaux, la traditionnelle messe du Saint-Esprit.

L'Université elle-même apporte son contingent de vexatoires exigences. Elle resserre les mailles de son monopole et promène sur la France entière un regard inquisiteur, pour traquer quiconque tient en ses mains, sans avoir l'attache officielle, un Lhomond, et l'explique à quelque enfant pauvre. C'est ainsi qu'elle retire aux curés de Lyon la permission qu'ils avaient de donner des leçons gratuites de latin à leurs enfants de chœur.

Les mauvais exemples sont toujours pernicieux. Mais quand ils descendent de haut, leur action est plus délétère et s'étend davantage. C'est l'inoculation au corps social tout entier, à son esprit et à son cœur, d'un principe morbide, qui fait parfois d'effrayants ravages.

Or les pouvoirs publics étaient entachés d'un vice originel; celui d'être nés d'une émeute. Leur existence, en effet, était due à la victoire de la force sur le droit et devenait, par là même, comme la consécration officielle de ce principe néfaste que le succès est un baptême purificateur pour toute révolte. Ils achevèrent de donner l'investiture à cette immoralité, en faisant entrer dans leurs moyens de gouvernement, comme nous venons de le voir, la rancune et la défiance contre l'autorité spirituelle. Leur triomphe sur les vieilles institutions et leur guerre à l'Église firent donc clairement entendre que les émeutes de la rue, celles de l'intelligence contre la foi, du cœur contre la morale, les mouvements de la colère, les emportements de la haine, en un mot, tous les caprices, toutes les passions pouvaient légitimement élever leurs barricades et s'affranchir de toute règle.

Aussi il n'est pas étonnant que la poésie, la presse, le roman, le théâtre, la caricature, aient été contaminés et qu'il se soit élevé de toutes parts un souffle de révolte pour détruire les nobles aspirations, la pudeur, l'honnêteté, les croyances, les mœurs, et même le bon sens et le goût. Il n'est pas étonnant que le sentiment religieux, qu'on peut bien voiler quelquefois, mais qui finit toujours par reparaître à la surface de l'âme et réclamer ses droits, ait subi de terribles assauts, pour être détourné au profit des utopistes et des ambitieux.

Au reste, pour mettre au grand jour toutes les conséquences néfastes d'une faute originelle et donner la mesure exacte de la culpabilité des pouvoirs publics d'alors, voici un inventaire abrégé des ruines morales et des effronteries de cette époque.

VII

LA POÉSIE, LA PRESSE, LE ROMAN, LE THÉATRE, LA CARICATURE

APRÈS 1830

EXPLOITATION DU SENTIMENT RELIGIEUX

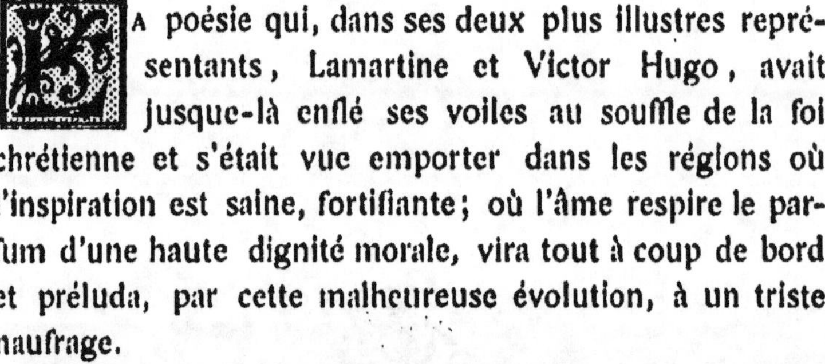A poésie qui, dans ses deux plus illustres représentants, Lamartine et Victor Hugo, avait jusque-là enflé ses voiles au souffle de la foi chrétienne et s'était vue emporter dans les régions où l'inspiration est saine, fortifiante; où l'âme respire le parfum d'une haute dignité morale, vira tout à coup de bord et préluda, par cette malheureuse évolution, à un triste naufrage.

Vers les derniers jours que la vieille Royauté passa sur le trône en 1830, Lamartine publiait ses *Harmonies*. Déjà un observateur attentif aurait pu discerner peut-être du vaporeux et de l'équivoque dans le sentiment religieux qui les anime, et prévoir que la foi du grand poète pourrait être entraînée un jour à quelque déviation; mais il eut été difficile d'y découvrir pour elle un diagnostic de mort.

C'est pourtant là qu'elle devait en arriver après la Révolution de juillet.

Le *Voyage en Orient*, publié en 1835, est comme la première étape de Lamartine vers l'abandon de ses croyances; *Jocelyn* en est la seconde, et la *Chute d'un Ange* consomme tout à fait sa ruine religieuse.

Puis vient le tour de la poésie. Elle est tuée en lui par la politique. Après les *Recueillements* qui parurent en 1839, et qui, selon le mot de Sainte-Beuve, affichent de plus en plus les dissipations d'un beau génie, Lamartine quitta pour toujours le Parnasse et s'en alla gaspiller son temps et le meilleur de son intelligence dans des discours et des actes politiques, qui ne peuvent guère nous consoler de son adieu aux Muses.

Victor Hugo, sous la Restauration, chantait avec enthousiasme le trône et l'autel. En 1830, il se sent saisi, comme tout le monde, par la fièvre révolutionnaire; il veut faire lui aussi son insurrection et dresser ses barricades. Ce ne sont pas seulement ses opinions politiques qu'il jette à terre et foule aux pieds; il va jusqu'à déraciner dans son âme ses croyances religieuses. Dès lors son génie, qui est grand encore dans les *Feuilles d'automne*, publiées en 1830, commence à se voiler avec les *Chants du Crépuscule* qui parurent un peu plus tard. Le trouble moral produit en lui le trouble intellectuel. Par esprit de révolte et parti pris de sophisme, il affecte désormais de ne poser l'étiquette de la vertu que sur le front de ceux qui grouillent dans les bas-fonds de la société, tandis qu'un vilain rôle est toujours donné au prêtre, au gentilhomme, aux membres de la classe dirigeante. Pour lui, l'élévation morale est en bas et la dégradation en haut de la société. Aussi *Notre-Dame de Paris*, *Claude Gueux* et les *Misérables*, n'ont-ils pas d'autre but que de faire prendre en haine l'ordre hiérarchique, en le montrant au rebours de ce qu'il est ordinairement et de ce qu'il doit être toujours.

Sans doute Lamartine et Victor Hugo ne vont point jusqu'à se compromettre avec le troupeau de ceux qui se livrent à une débauche de haine contre l'Église ; ils n'en arrivent pas même à voiler complétement en eux cette partie de l'âme qui, selon le mot de Tertullien, est naturellement religieuse et chrétienne; toutefois leur marche progressive en sens inverse de la foi, est pour un grand nombre comme le signal d'émancipation de leurs croyances religieuses, et pour tous un mauvais exemple.

Que dire de la Presse ? Dans la guerre à l'Église et aux vaincus de la monarchie légitime, elle ne reste pas en retard et vient se placer au premier rang. N'étant plus tenue en bride par la censure, que la Révolution venait de supprimer, elle s'échappe aussitôt par delà les barrières que le bon goût, la vérité et la pudeur mettent à la liberté, pour se précipiter à corps perdu vers toutes les licences. Ce n'est pas seulement de la colère, de l'ironie, du sarcasme et du mensonge qu'elle verse à pleines mains dans ses brochures, dont les titres suffisent à faire apprécier l'ignominie [1], dans ses publications périodiques [2], dans ses pamphlets, mais une bave immonde qui provoque le dégoût

---

[1] L'archevêque de Paris accusé d'assassinat sur la personne de sœur Véronique, pharmacienne de Saint-Cyr... *Infamies des prêtres*, etc., etc.

[2] L'*Ami du peuple* accusait le clergé de préméditer une immense Saint-Barthélemy, etc.

dans toutes les âmes honnêtes. Aussi Jules Janin appelle-t-
il les écrivains de la presse « bandits de la parole écrite ou
parlée, mécréants de la grammaire et de la morale publique, assassins de la plume et du paradoxe, à demi-éclos
dans le bourbier de l'émeute ». On peut en toute vérité
appliquer à l'œuvre de la presse, le mot que Sénèque disait
de son époque, pour en résumer les dégradations : *Non
tempestate, sed nausea vexor :* Ce qui nous tourmente, ce
n'est pas la tempête, c'est la nausée [1].

D'un autre côté, l'action si calamiteuse du mauvais
roman, s'engage contre les lois et les mœurs, sous le commandement en chef de deux personnages inconnus jusqu'en 1830, mais dont la renommée se fait bien vite une
place au grand jour, sur un amoncellement de ruines morales.

Une jeune femme, en divorce avec la foi conjugale,
Mme Georges Sand, dans une langue harmonieuse et perfide,
où la passion et la nature mêlent leurs poésies, se fait
l'apôtre de thèses subversives et jette à pleines mains dans
les esprits ces semences de révolte morale et de sédition,
qui germeront les rêves et les agitations socialistes de
1848. Ses romans d'*Indiana*, de *Lelia*, de *Valentine*, de
Jacques, etc., après avoir fait plier le genou aux lois divines
et humaines devant la passion, l'orgueil et même le simple
caprice, créent autour de l'imagination et du cœur une
atmosphère malsaine, où le vice ne s'imprègne de poésie,
de mysticisme et presque de vertu, que pour asphyxier
plus sûrement les mœurs par ses parfums mortels.

[1] *De tranquillitate animi,* cap. 1.

Balzac devient tout à coup aussi « puissant agitateur des convoitises humaines », selon le mot de M. Caro, et s'ouvre une voie vers la renommée, en fouillant, comme il s'en vante lui-même, « avec l'avide scalpel du dix-neuvième siècle, les coins du cœur que la pudeur des siècles précédents avait respecté »: Son influence est plus considéble, plus néfaste et surtout s'étend plus loin que celle de Georges Sand.

Ces innombrables réfractaires, en rupture de ban social, qui comptent dans leurs rangs, avec quelques fils du peuple et de la noblesse, tant d'enfants de la bourgeoisie, et dont Jules Vallès passait la sinistre revue en 1866 [1], sont pour la plupart des victimes des romans de Balzac. Les lettrés hideux et sanguinaires qui ont fait la Commune de 1871, sortent aussi de son école. Leur manuel d'éducation a été la *Comédie humaine*, cette série d'œuvres corruptrices, où l'adultère se montre à visage découvert, sans pudeur, sans lutte et sans remords; où les récits et les peintures sont une irritante excitation au mépris du mariage, à la révolte contre les lois, et dont on a dit que tous les héros, gentilshommes et nobles dames, avaient pris leurs blasons à la préfecture de police.

Et la néfaste paternité de l'école réaliste, qui, en passant par Gustave Flaubert, est venue s'abîmer dans la hideuse dégénérescence de Zola, n'est-ce pas à lui qu'elle revient? Aussi qu'il a bien raison de s'écrier, ce dignitaire de la Commune, Jules Vallès. « Oh ! sous les pas de ce géant, que

[1] *Les Réfractaires*, par Jules Vallès. Paris, 1866.

de consciences écrasées ! que de boue ! que de sang ! Combien il a fait travailler les juges et pleurer les mères ? » [1].

Et le théâtre, que fait-il ? Il suit de près la presse, le roman, et souvent les devance dans le mensonge et l'obscénité. Sur la scène, les prêtres sont livrés à toutes les calomnies, à tous les outrages ; les croyances sont flétries et vilipendées dans les plus indécentes bouffonneries. C'est ainsi qu'à la Gaîté on joue le *Jésuite* ; au Vaudeville, le *Congréganiste* ; à l'Ambigu, les *Dragons* et les *Bénédictines* de Pigault-Lebrun ; à la Porte Saint-Martin, l'*Incendiaire* et les *Victimes cloîtrées*, exhumées de 1793 ; aux Nouveautés, la *Contre-lettre* ; au Cirque Olympique, le *Curé Mingrat*, ailleurs le *Dominicain*, l'*Abbesse des Ursulines*, la *Papesse Jeanne*, l'*Ango* de Félix Pyat, *Fra Ambrosio*, qui inspire au public un tel dégoût, qu'on est obligé de baisser la toile.

Alexandre Dumas, lui-même, abandonnant son genre de drames superficiels, mais puissants où l'intérêt de l'intrigue et un mouvement enfiévré faisaient oublier l'absence d'idées et de caractères, se met à soutenir des thèses antisociales, à traiter par-dessous jambe l'histoire et la royauté [2], et à flatter les passions révolutionnaires. Dans son *Antony*, il sollicite la sympathie et presque l'admiration pour un héros, qui se fait un jeu de l'adultère, du vol et de l'assassinat. Dans le *Fils de l'Émigré*, il pousse l'audace si loin, qu'il lasse la faveur du public, éveille son dégoût et provoque une bruyante désapprobation.

Le trouble de la rue a si bien gagné les intelligences que

[1] Extrait *des Réfractaires.*
[2] *La Tour de Nesle*, etc.

Victor Hugo, qui, avant 1830, dans *Hernani* et *Marion Delorme*, laissait encore quelque grandeur à la royauté et à la magistrature, en arrive à répudier pour ses drames la vérité historique et morale, et à barbouiller de déshonneur, de fange, de crimes, tous les représentants de l'autorité [1].

Au Théâtre-Français, on fait l'exhumation de tous les sinistres personnages de la Terreur. Robespierre, Camille Desmoulins, Danton, Marat, Saint-Just, Fouquier-Tinville, reprennent vie aux applaudissements du parterre, qui leur octroie une complète réhabilitation.

En 1834, le succès que fait la curiosité malsaine des badauds à *Robert Macaire* [2], aux Folies-Dramatiques, est tel que chaque théâtre veut avoir son Robert Macaire, pour offrir à l'avidité de son public, l'insolente laideur de ce chevalier d'industrie, chez qui le blasphème se termine en quolibet, le vol se pique d'être aimable et le meurtre plaisant. Alors les incarnations de ce type d'une si hideuse et si vivante originalité, se multiplient au point de faire croire qu'il n'y a plus dans la société, sous tous les costumes, et dans toutes les professions, que des Robert Macaire. « C'est leur fête de chaque jour, s'écrie M. Jules Janin, de s'en aller, tête baissée, à travers les établissements de cette nation, de faucher à la façon de quelque Tarquin déguenillé les hautes pensées, les fermes croyances, et de semer, chemin faisant, l'oubli du remords, le sans-gêne du crime, l'ironie du repentir ».

---

[1] *Lucrèce Borgia, Le Roi s'amuse, Angelo, Marie Tudor, Ruy-Blas*, etc.
[2] Frédéric Lemaître.

M. A. Barbier [1] s'écrie à son tour :

> Les théâtres partout sont d'infâmes repaires,
> Des temples de débauche, où le vice éhonté,
> Donne, pour tous les prix, leçon d'impureté.
> C'est à qui, chaque soir, sur leurs planches banales,
> Étalera le plus d'ordures, de scandales ;
> A qui déroulera, dans un roman piteux,
> Des plus grossières mœurs les traits les plus honteux,
> Et sans respect aucun, pour la femme et pour l'âge
> Fera monter le plus de rougeur au visage.

Alfred de Musset, qui certes n'était point prude en matière de mœurs, fait écho à l'invective d'Auguste Barbier :

> Oui, c'est la vérité, le théâtre et la presse
> Étalent aujourd'hui des spectacles hideux,
> Et c'est, en pleine rue, à se boucher les yeux.
> Un vil mépris de tout nous travaille sans cesse,
> La muse, de nos temps, ne se fait plus prêtresse,
> Mais bacchante ; et le monde a dégradé ses dieux [2].

La contagion du mal s'étend si loin que les âmes délicates en sont atteintes. Alfred de Vigny, cet enthousiaste, si fidèle à son Dieu et à son roi, avant 1830, en arrive à perdre tout à la fois ses rêves de jeunesse, ses croyances religieuses et ses affections politiques. Aussi en 1835, il ne trouve rien de mieux à présenter au Théâtre-Français, que son *Chatterton*, œuvre maladive, qui sous des formes élégantes, fait le procès à la société, jette dans les esprits

[1] *Iambe*, de Melpomène.
[2] Août, 1835.

les plus dissolvants sophismes et prête si bien aux âmes incomprises à rêver de suicide. Dès ce moment toutes ses autres œuvres porteront l'empreinte de la méfiance, de la tristesse, de la bouderie, de l'amertume et du scepticisme qui ont envahi son cœur.

La caricature est à l'avenant du théâtre. Tantôt froidement haineuse, elle glisse une calomnie dans chacun de ses éclats de rire; tantôt elle se vautre dans la pornographie.

> Paris n'est maintenant, qu'une sentine impure,
> Un égout sordide et boueux,
> Où mille noirs courants de limon et d'ordure
> Viennent traîner leurs flots honteux [1].

Son acharnement dure plusieurs années. Aussi en 1835, le duc de Broglie [2] a-t-il cent fois raison de s'indigner à la Chambre des députés, lorsqu'il montre l'étranger, qui arrive à Paris « obligé de tenir les yeux baissés vers la terre, pour ne pas apercevoir cet étalage d'obscénités dégoutantes, de turpitudes infâmes, de sales productions, dont les personnalités offensantes ne sont pas le pire, mais le moindre des scandales [3]. »

[1] *Iambe*, de la Curée.

[2] Discours imprimés.

[3] Le dévergondage du crayon contre la royauté fut exploité avec un grand succès et un gros bénéfice par un certain Philipon, né à Lyon en 1810, et qui créa à Paris en 1830 le *Charivari* quotidien, la *Caricature* hebdomadaire et plusieurs autres publications. Philipon dessinait peu par lui-même, mais il était le patron d'une officine où travaillaient Daumier, Granville, Traviès, pour les œuvres aigres, rancuneuses, brutales; Charlet, Bellangé, Raffet, Deveria, Descamps, pour celles où l'on faisait entrer quelque modération.

Gavarni et Henri Monnier eurent assez de pudeur et de sincérité pour rejeter les propositions de Philipon et ne point se fourvoyer dans sa boutique.

Le sentiment religieux lui-même devient l'objet d'une ridicule exploitation contre l'Église. Quand un navire fait eau, les rats, dit-on, l'abandonnent. Les hommes au contraire, quand ils croient qu'une grande institution menace ruine, accourent de toutes parts, pour lui porter, s'il faut, le dernier coup, et s'enrichir après de ses dépouilles. Aussi la croyance que l'Église est frappée à mort comme la vieille monarchie fait-elle surgir de nombreux messies. Et ce qu'il y a de plus étrange, c'est que tous trouvent des auditeurs et des adeptes. Tant il est vrai que le côté religieux de l'âme humaine peut bien, pour un moment se mettre en révolte, s'affranchir de tout dogme et de toute pratique, mais ne saurait tenir longtemps dans l'insurrection. Il ne tarde pas à redemander un objet de culte. Ce besoin est si grand que le cri du poète :

> Qui de nous, qui de nous, va devenir un Dieu [1] ?

ne fait que traduire l'appel inquiet de l'humanité, en quête d'une divinité terrestre, quand elle a perdu celle du ciel.

Parmi les empressés à culbuter l'Église dans l'abîme et à offrir au public en rupture de foi catholique un objet de culte, on voit d'abord l'abbé Chatel, prêtre obscur, de mœurs légères, d'intelligence médiocre. La doctrine qu'il apporte n'a guère d'autre attrait que celui de la suppresion de la confession pour les laïques et du célibat pour les prêtres. Mais le public est tellement enfiévré, altéré de

---

[1] Alfred de Musset.

nouveauté, de révolte contre la religion, le bon goût et même le bon sens, qu'il lui fournit une assez nombreuse clientèle. Il va de soi que les faveurs des révolutionnaires lui sont acquises. Ce qui est plus étonnant c'est de voir Casimir Delavigne, composer un cantique pour ses sacrilèges et ridicules cérémonies et Nourrit venir le chanter.

Enfin au bout de cinq ans, la faillite met ordre à ce libertinage du sentiment religieux et de la morale, et l'abbé Chatel n'a rien de mieux à faire que de prendre la suite, pour échapper à ses créanciers.

Après les journées de juillet, le saint-simonisme se présente aussi pour recueillir, non plus seulement une part de dépouilles, mais la succession toute entière de l'Église, qui lui paraît entrer déjà en agonie. Ses chefs Bazard et Enfantin, escortés d'hommes intelligents et considérables, essayent même de détourner la Révolution à leur profit; s'emparent du *Globe*, dont ils confient la rédaction en chef à Michel Chevalier ; ouvrent plusieurs temples et y établissent un culte, avec prédications, fêtes diverses, baptêmes, confessions publiques ou privées, communions spirituelles, etc. Leur doctrine proclame la nécessité de la religion, lui subordonne l'ordre temporel tout entier et réclame pour son clergé une autorité théocratique. C'est en un mot l'organisation religieuse du socialisme d'État. L'importance des hommes qui la prônent, lui donne un immense retentissement. Mais voici que la réhabilitation des appétits sensuels, qui est un de ses dogmes, laisse bientôt se former et s'agrandir sur la société saint-simonienne la plaie hideuse de l'impureté, en attendant que la banqueroute en disperse les chefs et lui enlève tout honneur.

D'autres hommes, ni plus honorables ni plus heureux que l'abbé Chatel et les saint-simoniens, essayent aussi de fonder des églises. Mais l'oubli, ce grand justicier de l'orgueil humain, a déjà étendu ses voiles sur leurs noms et sur leurs œuvres. Nous nous garderons bien de fatiguer notre regard à déchiffrer les quelques lettres, qui ne seraient point encore effacées de leur pierre tombale.

VIII

ATTAQUES CONTRE L'ÉGLISE. — IRRÉLIGION. — DÉSESPÉRANCE DU CLERGÉ. — MALAISE GÉNÉRAL

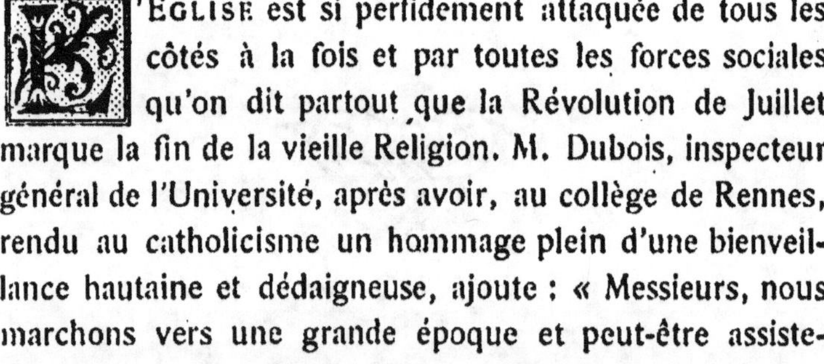

'ÉGLISE est si perfidement attaquée de tous les côtés à la fois et par toutes les forces sociales qu'on dit partout que la Révolution de Juillet marque la fin de la vieille Religion. M. Dubois, inspecteur général de l'Université, après avoir, au collège de Rennes, rendu au catholicisme un hommage plein d'une bienveillance hautaine et dédaigneuse, ajoute : « Messieurs, nous marchons vers une grande époque et peut-être assisterons-nous aux funérailles d'un grand culte ¹ ? »

Jules Janin écrit qu'on est à un instant misérable de décomposition religieuse. Dans son livre des *Cent-un*, il dit : « Depuis la grande secousse de 89, cette religion allait bien mal, la Révolution de Juillet l'a tuée tout à fait. » Henri Heine, l'homme le plus sceptique de ce temps-là, rendant

Ami de la religion, 4 août, 1831.

compte à une gazette allemande de l'état psychologique de la France, lui fait ce cynique récit : « La vieille religion est radicalement morte ; elle est déjà tombée en dissolution. La majorité des Français ne veut plus entendre parler de ce cadavre et se tient le mouchoir devant le nez, quand il est question de l'Église [1]. »

Toute idée de surnaturel est de trop pour la société impie de cette époque.

« Il y a quelques mois, écrit M. de Salvandy, on mettait partout le prêtre ; aujourd'hui, on ne met Dieu nulle part. » Aussi Louis-Philippe, qui certes n'était pas dévot, est accusé par le *Constitutionnel* de tendre au mysticisme, pour avoir prononcé le nom de la Providence, dans un discours aux Chambres [2].

Le trouble est si grand, même dans les âmes honnêtes, que personne n'ose plus, je ne dis pas remplir ses devoirs religieux, mais s'avouer chrétien. « La rencontre d'un jeune homme dans une église, dit M. de Montalembert, produisait presque autant de surprise et de curiosité que la visite d'un voyageur chrétien dans une mosquée d'Orient. »

Rappelant ses souvenirs de cette triste époque, Louis Veuillot écrivait plus tard dans son ouvrage de *Rome et Lorette* : « Je lisais et je croyais très volontiers que le christianisme était mort : rien autour de moi ne me disait qu'il vécût. »

Sans doute, la plupart des historiens, des poètes, des orateurs qui parlent des ruines morales que l'irréligion

---

[1] Citation de M. Louis Blanc.
[2] Annuaire pour 1831.

avait accumulées dans les âmes, tirent leurs données plutôt de Paris que de la province et vont parfois, pour frapper davantage l'imagination, jusqu'à enlaidir systématiquement leurs tableaux. Cependant il est incontestable que partout dans les grandes villes, on trouvait le reflet des désordres de la capitale. Souvent même dans les moindres villages, à cette époque comme aujourd'hui, de petits tyranneaux, bêtes et méchants, par crainte de n'aller pas aussi loin que leurs frères de Paris ou des grands centres, dépassaient toute mesure par la grossièreté de leurs insultes et la multiplicité de leurs vexations à l'égard du clergé.

Il est incontestable encore que l'Église paraissait à tous entraînée dans la déroute de la vieille monarchie, tant les forces catholiques s'étaient éparpillées et demeuraient inactives, tant la crainte étreignait les âmes et retenait captive au plus profond des consciences l'affirmation de la foi, dont la production au dehors aurait fini peut-être par faire reculer l'impiété, ou tout au moins par arrêter quelques-uns de ses sarcasmes et jeter du froid sur son arrogance.

Aussi beaucoup de prêtres songeaient-ils à quitter leurs paroisses, où leur ministère était frappé d'une paralysie complète, où leur caractère sacerdotal n'obtenait plus aucun respect, pour demander aux nations voisines une hospitalité moins tracassière que celle de leur propre pays, acheter au prix de l'exil le travail et la peine qu'on refusait à leur pieuse activité. D'autres se cherchaient une retraite pour y finir, dans le service de Dieu, leur vie désormais inutile aux âmes, et y dormir en paix leur dernier sommeil [1].

---

[1] Lettre pastorale de l'évêque d'Orléans.

Cet état des esprits, dans le clergé, nous est révélé par de nombreuses lettres des évêques qui, tout accablés qu'ils étaient eux-mêmes des maux de l'Église, n'en essayaient pas moins d'envoyer à leurs prêtres une parole d'encouragement et d'espérance, pour les retenir à leur poste, en leur recommandant toutefois de s'effacer et de se taire : « On veut se passer de nous, Messieurs, leur disaient-ils ; eh bien ! tenons-nous calmes dans cette espèce de nullité » [1].

Cependant les idées de révolte, de scepticisme et de mépris pour les choses de la religion, charriées et semées à tous les points de la France par le coup de vent de Juillet, produisent à un tel degré, le trouble dans les intelligences, le désordre dans les cœurs, que tout bien-être moral s'en va des âmes comme un hôte trop noble et trop fier pour vivre en compagnie compromettante. Augustin Thierry, dénonce en 1834 [2] *l'espèce d'affaissement moral*, qui est la *maladie de la génération nouvelle*. Il gémit à la vue de ces « âmes énervées qui se plaignent de manquer de foi, qui ne savent où se prendre, et vont cherchant partout sans le rencontrer nulle part, un objet de culte et de dévouement. »

Mais il faut entendre surtout les cris de désenchantement et de désespérance, poussés par l'une des plus illustres victimes de l'irréligion et du sensualisme de ce temps, Alfred de Musset.

Les ombres que le doute amoncelle dans les âmes et les ruines que la volupté fait dans les cœurs, lui arrachent

---

[1] Lettre de Mgr Devie, évêque de Belley, au printemps de 1831.
[2] Préface de *Dix ans d'études historiques.*

de sublimes invocations au Christ. Puis comme s'il voyait
déjà notre vieille société, couchée dans son cercueil, il
s'écrie :

> Oh ! maintenant, mon Dieu, qui lui rendra la vie ?
> Du plus pur de ton sang tu l'avais rajeunie :
> Jésus, ce que tu fis, qui jamais le fera ?
> Nous, vieillards nés d'hier, qui nous rajeunira ?
> Nous sommes aussi vieux qu'au jour de ta naissance ;
> Nous attendons autant, nous avons plus perdu :
> Plus livide et plus froid, dans son cercueil immense,
> Pour la seconde fois Lazare est étendu.
> Où donc est le Sauveur, pour entr'ouvrir nos tombes ?
> Où donc le vieux saint Paul, haranguant les Romains,
> Suspendant tout un peuple à ses haillons divins ?
> Où donc est le Cénacle ? Où donc les catacombes ?

Puis il lance une invective au grand coupable, à ce
Voltaire qui a tant travaillé au renversement de l'œuvre du
Christ.

> Dors-tu content, Voltaire, et ton hideux sourire
> Voltige-t-il encor sur tes os décharnés ?
> Ton siècle était, dit-on, trop jeune pour te lire ;
> Le nôtre doit te plaire, et tes hommes sont nés.
> Il est tombé sur nous cet édifice immense
> Que de tes larges mains tu sapais nuit et jour.
> La mort devait t'attendre avec impatience
> Pendant quatre-vingts ans que tu lui fis la cour.

Plus loin, la perte de la foi lui fait verser des larmes ;
ailleurs c'est la destruction des monastères.

> Cloîtres silencieux, voûtes des monastères,
> C'est vous, sombres caveaux, vous qui savez aimer ;

Ce sont vos froides nefs, vos pavés et vos pierres,
Que jamais lèvre en feu n'a baisés sans pâmer...
Oui, c'est un vaste amour, qu'au fond de vos calices
Vous buviez à pleins cœurs, moines mystérieux !
La tête du Sauveur errait sur vos cilices,
Lorsque le doux sommeil avait fermévos yeux.
Et quand l'orgue chantait aux rayons del 'aurore,
Dans vos vitraux dorés, vous le cherchiez encore,
Vous aimiez ardemment. Oh ! vous étiez heureux !

Quand il jette un regard sur ce

..... temps où nos vieilles romances
Ouvraient leurs ailes d'or vers leur monde enchanté ;
Où tous nos monuments et toutes nos croyances
Portaient le manteau blanc de leur virginité ;
Où, sous la main du Christ, tout venait de renaître ;
Où le palais du prince et la maison du prêtre,
Portant la même croix sur leur front radieux,
Sortaient de la montagne, en regardant les cieux ,

c'est alors un cri de douleur que lui arrache le scepticisme dont il porte la plaie vive dans l'âme :

Et que nous reste-t-il, à nous, les déïcides?
Pour qui travailliez-vous, démolisseurs stupides
Lorsque vous disséquiez le Christ sur son autel ?
Que vouliez-vous semer sur sa céleste tombe,
Quand vous jetiez au vent la sanglante colombe,
Qui tombe en tournoyant dans l'abîme éternel?
Vous vouliez pétrir l'homme à votre fantaisie;
Vous vouliez faire un monde. — Eh bien, vous l'avez fait ;
Votre monde est superbe, et votre homme est parfait !
Les monts sont nivelés, la plaine est éclaircie;
Vous avez sagement taillé l'arbre de vie ;
Tout est bien balayé sur vos chemins de fer,
Tout est grand, tout est beau, mais on meurt dans votre air.

Ce beau génie, comme pour fournir une preuve irrécusable de la vérité de ses chants, devait succomber bientôt
au mal de son époque.

Le grand Marius, tombé du sommet des honneurs et de
la puissance, donnait encore, en venant s'asseoir sur les
ruines de l'antique Carthage, un spectacle de véritable
grandeur. C'était ajouter la douleur de son propre désastre
à la majesté du deuil dont se couvraient les débris de la
fière cité, qui avait été autrefois la rivale de Rome. C'était
jeter un trait sublime sur ce grandiose tableau que d'y
faire rencontrer la fortune des hommes et le destin des
choses dans l'embrassement d'une même instabilité, et
forcer ainsi l'âme humaine à regarder plus haut que ce
monde, pour y placer ses espérances.

Le pauvre Alfred de Musset, au contraire, cet enfant gâté
du génie poétique, qui aurait pu fournir une si longue et si
noble carrière, n'offre à sa coupable époque, qu'un spectacle de misère et de honte, lorsqu'en pleine jeunesse, sa
lyre est brisée dans ses mains et que ses jours sont acculés
à leur terme. Sans avoir touché encore à son septième lustre,
voilà qu'il n'est plus qu'une ruine : Son intelligence s'enveloppe de voiles et sa vie s'échappe à flots par les blessures
mortelles de l'abus des plaisirs. Sa mort reste le crime
hideux du scepticisme et de la volupté et comme la funèbre
mesure de leur puissance dévastatrice, quand ils se donnent
rendez-vous dans une âme.

X

DÉCADENCE DANS LA LITTÉRATURE

PRÈS avoir étudié la révolte contre les lois, contre la religion et la morale, qui sortit de l'insurrection de 1830, comme une conséquence découle de son principe, il serait intéressant de l'étudier dans la littérature. Mais il n'entre pas dans notre cadre de suivre le mouvement anarchique jusque-là. Qu'il nous suffise de citer, à ce sujet, les appréciations de M. Sainte-Beuve, de Béranger et de M. Doudan.

Après avoir rappelé qu'à la fin de la Restauration [1] « il y avait, pour bien des années, dans le corps social, une plénitude de sève, une provision, une infusion d'ardeurs et de doctrines, une matière enfin plus que suffisante aux prises de l'esprit », Sainte-Beuve ajoute que la Révolution a

---

[1] *De la littérature de ce temps-ci*. Dix ans après en littérature, etc. de M. Sainte-Beuve.

« comme brisé et licencié le mouvement littéraire... rompu la série d'études et d'idées, qui étaient en plein développement... et qu'il y a eu des coups de vent dans toutes les bannières... Les grands talents donnent le pire signal et manquent à leur vocation première ; ils gauchissent à plaisir dans des systèmes monstrueux ou creux, en tout cas infertiles...

« Partout le relâchement et la confusion... le niveau du mauvais gagne et monte... c'est un gâchis immense... c'est un vaste naufrage. »

Béranger écrivait le 30 novembre 1836 : « Les beaux génies ne sont plus que des ivrognes. » « Ton vide et déclamatoire, fanfaronnades d'idées qui ne reculent devant rien, mépris de toute distinction entre le bien et le mal, sentiments impossibles qu'on fait semblant d'éprouver, passions contradictoires qu'on suppose dans le même être, langue pédante, forcenée, couleurs et images vives pour traduire des pensées froides, manque de mesure, d'harmonie, de bon sens, de convenance en tout genre », tel est le bilan de cette époque, dressé par M. Doudan en 1839.

Comme tout s'enchaîne dans une société et qu'un désordre en appelle un autre, le bon ton rangé de la Restauration, comme parle M. Sainte-Beuve, avait disparu de la cour, pour être remplacé par une sorte de sans-façon systématique.

Dans les premiers mois de la monarchie de Juillet, on n'avait point marchandé à la Révolution les concessions de forme et d'étiquette ; la royauté s'était mise de plain-pied avec la foule, si bien que les ouvriers, quand ils apercevaient Louis-Philippe, dans les rues de Paris, s'arrêtaient volontiers pour l'inviter à boire un verre de vin avec eux.

Cette attitude, prise par la royauté, pour se rendre plus populaire et probablement aussi pour surmonter avec moins d'embarras quelques difficultés du moment, ne devait pas être gardée toujours; mais elle le fut assez long-temps pour diminuer le prestige du souverain, habituer le peuple à le peu respecter et donner une sorte de consé-cration officielle à un regrettable laisser-aller dans le langage, les manières et même le costume. Un mot de M. de Sémonville montre bien le ridicule de ces nouvelles mœurs. Entrant un soir dans les appartements royaux, où s'éta-laient des toilettes d'un négligé par trop démocratique, il dit avec une malicieuse bonhomie : « Je prie votre Majesté de m'excuser si je me présente sans être crotté. »

Le sans-façon de la bourgeoisie se changeait en débraillé parmi les gens du peuple.

C'était donc la faillite partout, ou, comme on dirait au-jourd'hui, le krach des grandes et nobles aspirations de la génération précédente, le krach de l'intelligence, du respect, des traditions, des principes, du sentiment religieux, de la dignité morale, du goût littéraire, du bon ton, des bonnes manières.

Quelle œuvre de restauration incombait au règne de Louis-Philippe! S'il ne put réussir à opérer le relèvement complet de tout ce qui était tombé, il eut du moins l'hon-neur de comprendre l'importance et l'étendue de sa tâche et d'y employer ses forces.

X

FONDATION ET SUPPRESSION DE L'*UNIVERS*

LE déchaînement de colères qui éclata sur l'Église, l'envahissement, parmi la jeunesse des écoles, d'un scepticisme plus arrogant et plus éhonté, pour ternir la clarté des âmes, déflorer en elles l'aimable candeur et faire du sarcasme contre la religion leur polissonnerie de tous les jours, les efforts des hommes dévoyés et ambitieux pour remplacer le catholicisme qu'ils croyaient aux abois, l'étalage aux vitrines des libraires de publications obscènes et impies, l'affichage aux coins des rues de placards orduriers, ne furent pas sans inspirer un profond dégoût à grand nombre de gens honnêtes et sans mettre en mouvement certains de leurs ressorts, qui seraient restés toujours peut-être dans l'inaction, si le mal n'eût pas affiché au grand jour ses effronteries et ses scandales.

Le journal l'*Avenir*, qui parut le 15 octobre 1830, jeta le premier un cri puissant d'indignation et de foi chrétienne. Il fut créé par un groupe de catholiques ardents [1] qui ne voulurent pas rester à terre parmi les vaincus, et qui, se relevant fièrement, vinrent donner au *Globe*, organe des saint-simoniens, et à tous les sceptiques, une preuve irrécusable de la vitalité du catholicisme, revendiquer pour lui, non la pitié, mais le respect et une part des libertés générales. « Dieu et liberté » tel était son programme. Il se se proposait en outre de faire une sorte de police des mœurs parmi les écrivains et les caricaturistes et de donner des férules à tous les agresseurs de la morale.

Le 18 décembre 1830, ces mêmes hommes organisaient l'Agence générale pour la défense de la liberté religieuse, afin de poursuivre devant l'opinion publique, les Chambres, les tribunaux, depuis la justice de paix jusqu'au Conseil d'État, tout acte attentatoire à cette liberté. En même temps une forte impulsion était donnée à la presse catholique de province. Le *Courrier Lorrain* et l'*Union Bretonne*, que leur souffle fit éclore, combattirent vaillamment et avec quelque profit pour l'Église. Dans plusieurs villes, notamment à Lyon, il s'ouvrit par leur influence, sous le titre d'association lyonnaise, un foyer de propagande catholique, ou plutôt un centre de résistance à l'arbitraire administratif.

Cette initiative aurait pu assurément prendre les proportions d'un bienfait public, en aguerrissant les catholiques, en les formant peu à peu aux mœurs militantes des pays où la liberté de la presse a passé à l'état de dogme, en massant et en disciplinant leurs forces pour les conduire au combat, et

---

1 Les abbés de Lamennais, Gerbet, de Salinis, Rohrbacher, Lacordaire, MM. de Montalembert, Harel du Tancrel, de Coux, d'Eckstein, Bartels, Daguerre, d'Ault-Dumesnil, d'Ortigue et Vaille.

surtout en jetant les bases d'une grande et féconde institution.

Qu'on se représente en effet une organisation de la presse catholique sur le modèle, par exemple, de nos grandes compagnies de chemins de fer; avec leur pouvoir central pour maintenir l'unité de direction, préparer par l'étude les améliorations que nécessitent les développements du commerce et les besoins des temps nouveaux, tirer profit de tous les progrès de la science; avec leurs nombreuses inspections pour assurer la régularité des services, le bon entretien du matériel, la sécurité des voyageurs; avec leur personnel innombrable et tout embrigadé, n'agissant, comme le soldat, qu'au signal des chefs, pour qu'aucune force ne s'égare ou ne se gaspille dans quelque travail inutile; avec leurs stations répandues çà et là dans toutes les contrées desservies, pour les unir entre elles, multiplier leurs relations, donner à leur vie industrielle et commerciale toutes les facilités dont elle a besoin.

C'est l'application intelligente et vraiment utile du grand principe d'association des capitaux, des forces intellectuelles et physiques. La transformation du monde moderne est son œuvre.

Si, dès le commencement, la presse catholique eut, comme l'industrie et le grand commerce, cherché sa force dans ce principe et basé sur lui toute son organisation, nous aurions maintenant une institution puissante, avec un pouvoir central, expérimenté, prudent, sage, tout préoccupé de sa mission, ne recevant que de légers contre-coups des passions humaines, étendant ses ramifications dans le pays entier, communiquant la vie, imprimant le mouvement à

des sections diverses pour les questions religieuses et philosophiques, pour les questions de politique et d'économie
sociale, pour les questions de jurisprudence, de pédagogie,
de littérature, d'histoire, d'agriculture, de commerce, de
finances, en un mot pour toutes les questions de sciences
spéculatives et professionnelles.

Quelle admirable unité d'action en résulterait! Quelle
immense autorité morale serait acquise à une œuvre, qui
n'aurait d'attache ni avec l'autorité civile, ni avec les partis
politiques, ni avec aucune entreprise industrielle ou commerciale; à une œuvre où toutes les idées saines, élevées,
généreuses, toutes les découvertes nouvelles, tous les progrès recevraient bon accueil; où les jugements sur les
actes du pouvoir ne seraient dictés ni par la passion, ni par
l'intérêt; où les fonds secrets n'auraient pas leurs entrées
pour l'achat des complaisances et des complicités; où les
questions de clocher ne trouveraient point de tribune reten-
tissante; où les mensonges et les vilenies des ambitieux ne
pourraient s'affubler des semblants de la vertu et du
dévouement à la cause publique; où les renseignements
commerciaux et financiers ne porteraient pas cette plaie
hideuse et dégradante du mercantilisme, qu'ils ont presque
toujours et qui a si fort contribué à abaisser le niveau
moral de la nation! Quelle influence moralisatrice et tout
à la fois protectrice des intérêts matériels exercerait une
œuvre, qui, après avoir donné le meilleur de sa sollicitude
et de ses labeurs aux besoins religieux des âmes, à leurs
aspirations les plus nobles et les plus hautes, en consa-
crerait une partie considérable aux progrès des sciences,
des arts, de l'industrie, de l'agriculture, du commerce; à la

propagande et à la vulgarisation des découvertes nouvelles et surtout à l'amélioration du sort des classes ouvrières !

En présence d'une institution si sage, si éclairée, si impartiale, si dévouée à tous les vrais intérêts de la nation, les roquets de la presse n'oseraient plus faire entendre leurs jappements; les officines de mensonge, de scepticisme et d'immoralité se fermeraient bien vite. L'Église trouverait là un concours puissant et autorisé pour dissiper les malentendus qui trop souvent lui créent de stupides difficultés et entravent sa mission divine. Les gouvernements honnêtes, république ou monarchie, viendraient y chercher, sinon pour vivre toujours, au moins pour parvenir à une respectable longévité, l'appui de l'opinion publique, qui leur vaudrait mieux que celui des baïonnettes.

Sans doute il faudrait, pour une organisation si vaste et si compliquée, toute une armée de savants, de travailleurs, une somme colossale de capitaux, et surtout de bonne volonté, de droiture, de dévouement, de sagesse, de prudence. Tout cela est-il impossible ? Non. Ce qu'on a réalisé dans nos grandes compagnies industrielles ou des chemins de fer pourrait servir de modèle pour une organisation de la presse catholique. Le principe d'association y trouverait, du premier coup, l'unité de direction et de vues, car les catholiques ont un credo immuable, des chefs respectés, à à qui ils obéissent, un souverain qui gouverne l'Église et qui a la charge de paître les pasteurs et les brebis.

Or en 1830, les catholiques un instant abasourdis par le coup révolutionnaire de Juillet, comprirent vite qu'ils ne pourraient endiguer le flot envahissant de l'irréligion que par l'union de leurs forces. Le journal l'*Avenir* aurait donc pu, sans trop de peine, car le prestige de La Mennais était encore immense, prendre en main le drapeau du ralliement et jeter les bases d'une organisation puissante et féconde pour la presse catholique. Malheureusement il se laissa saisir par cette exaltation fiévreuse qui se retrouve dans toutes les œuvres de ce temps. A des idées neuves, généreuses, et dont quelques-unes furent dans les esprits la semence qui germa plus tard la loi sur la liberté d'enseignement, il mêla les exagérations les plus compromettantes.

La Mennais, qui en était l'âme, loin d'exercer une influence modératrice et pacifiante sur ses jeunes et trop ardents collaborateurs, ne fit que les pousser davantage à l'extrême et donner aux excès de doctrine, une note plus triste, plus aigre et plus irritante. Monseigneur de Pins, administrateur du diocèse de Lyon, eut beau le supplier, dans les termes les plus affectueux, de ne point se mettre en lutte avec tout l'épiscopat, il ne voulut pas entendre raison, ni retrancher une seule de ses témérités.

Mais bientôt, le 15 novembre 1831, devant l'opposition croissante et trop justement motivée des évêques, devant la diminution du nombre des abonnés, l'épuisement des finances et du crédit moral, l'*Avenir* fut obligé du suspendre sa publication.

Les trois principaux rédacteurs, La Mennais, Lacordaire et Montalembert se rendirent à Rome, afin de soumettre leur œuvre au jugement de Grégoire XVI. Le Souverain Pontife se montra pour eux plein de bienveillance, évitant avec soin tout acte public qui eût pu les mortifier, sans leur laisser ignorer toutefois qu'il ne les approuvait pas. La Mennais, dans son orgueil, ne comprit point tout ce qu'il y avait de bonté dans cette paternelle réserve, et il continua, après le départ de Lacordaire, à presser le Pape ou plutôt à le sommer de rendre un jugement.

Obligé, par les menaces de La Mennais, de rompre le silence et de se prononcer, Grégoire XVI publia, le 12 août 1832, l'encyclique *Mirari vos*, qui frappait certaines doctrines sur la liberté de conscience, la liberté de la presse, les rapports de l'Église et de l'État, les obligations des peuples vis-à-vis des souverains. Mais par un dernier ménagement, les noms des écrivains et leurs écrits n'y étaient pas désignés. Dès le 10 septembre, de la même année, La Mennais, Lacordaire, Montalembert, l'abbé Gerbet et de Coux publiaient une déclaration dans laquelle ils annonçaient leur soumission et la suppression définitive de l'*Avenir* et de l'Agence religieuse. La main de La Mennais signa cette déclaration, mais son orgueil avait été si fortement blessé que son âme n'y donna point son adhésion. Ce jour marqua le commencement de sa révolte et comme sa première étape vers une chute navrante.

L'*Avenir* était donc une œuvre manquée.

XI

FONDATION DES CONFÉRENCES DE SAINT-VINCENT-DE-PAUL

UNE autre œuvre, plus ignorée à ses débuts, mais plus abondamment nourrie et abreuvée de la grâce divine, puisqu'elle a fourni déjà une longue carrière et que les années qui s'accumulent sur sa tête, loin d'appesantir sa marche, semblent augmenter sa vigueur, une autre œuvre, dis-je, prit naissance à Paris en 1833, au sein de la jeunesse des écoles. Un Lyonnais, Frédéric Ozanam, étudiant en droit, en fut l'inspirateur et en devint plus tard la gloire.

Le scepticisme, qui s'était abattu sur le quartier latin et qui, semblable à une maladie contagieuse, y multipliait les victimes d'une manière effrayante, lui fit craindre pour sa foi chrétienne. Afin de se soustraire aux surprises du mal, il se réfugia dans l'exercice de la charité. Heureuse inspiration du ciel! Ce moyen de préservation a toujours été infaillible, parce qu'il nous met en contact immédiat avec

N.-S. Jésus-Christ et que le doute, en pareille compagnie, ne peut avoir accès dans notre âme.

En effet, quand nous donnons à manger à celui qui a faim, à boire à celui qui a soif, c'est l'humanité même du Christ que nous soulageons.

Quand nous accueillons celui qui est sans asile, c'est au Christ lui-même que nous ouvrons notre demeure [1].

Et quand, comme saint Martin, partageant notre manteau en deux, nous en jetons une moitié sur quelque pauvre pour couvrir sa nudité ou réchauffer ses membres refroidis, c'est sur les épaules du Christ qu'elle tombe [2].

Et quand, comme saint Christophe, prenant à bras-le-corps quelque malheureux, nous lui faisons traverser chrétiennement son torrent de peines et de tribulations, c'est le Christ qui est notre fardeau et qui est serré contre notre poitrine.

Et quand nos mains pressent affectueusement celles d'un affligé, ce sont les mains du Christ qui reçoivent l'étreinte.

Et quand nous séchons les larmes de celui qui pleure, quand nous essuyons la sueur et le sang dont est maculée la face de celui qui travaille et qui souffre, c'est sur le visage adorable du Christ que passe notre main. Les anges du ciel contemplent avec amour sur le voile mystérieux dont nous nous servons, comme sur celui de sainte Véronique, l'empreinte des traits sacrés du Sauveur.

Et quand nous allons chercher au plus intime de notre âme des paroles de profonde sympathie et de caressante

---

[1] *Esurivi enim, et dedistis mihi manducare : sitivi, et dedistis mihi bibere : hospes eram, et collegistis me.* Saint Mathieu, xxv, 35.

[2] *Nudus, et cooperuistis me.* Saint Mathieu, xxv, 36.

tendresse pour les faire couler comme un baume consolateur dans quelque cœur brisé, c'est le cœur même du Christ, qui le premier les accueille pour les verser ensuite avec ce qu'il y mêle de grâce, sur celui à qui nous les avions envoyées [1].

Depuis que le Christ a jeté sur ceux qui souffrent le voile de son humanité adorable, ce n'est plus le dégoût qui se dégage de leurs infirmités et de leurs plaies pour rebuter notre délicatesse, mais la bonne odeur même de Jésus-Christ, pour enivrer notre âme d'un parfum divin. Elle se transfigure à ce contact.

Il y a plus. Au ciel la compassion divine est mise en une continuelle activité ; car N.-S. Jésus-Christ ne cesse pas d'y montrer son corps auguste chargé encore de la sueur de sang dont il fut couvert au jardin de Gethsémani, des déchirures qui lui furent faites par les fouets d'une soldatesque impie ; son front couronné d'épines ; son visage marqué de l'empreinte des soufflets de la populace et portant toujours la trace du baiser de Judas ; ses pieds et ses mains percés, son côté ouvert. Ce spectacle émeut Dieu le père d'une compassion infinie. Mais à qui ira ce sentiment, puisque Jésus-Christ, bien qu'il porte encore sur sa chair adorable et maintenant spiritualisée les stigmates de la passion, a cessé de faire entendre son cri d'angoisse : *Deus meus, Deus meus, ut quid dereliquisti me* [2] ; puisqu'il siège sur un trône de gloire à la droite de son Père éternel, que les anges ne cessent pas de déposer à ses pieds leurs ado-

---

[1] *Amen dico vobis, quandiu fecistis uni ex his fratribus meis minimis, mihi fecistis.* Saint Mathieu, xxv, 40.

[2] Saint Mathieu, xxvii, 46.

rations amoureuses, de chanter ses victoires, et qu'il n'a plus que faire de la compassion ? Il faut pourtant qu'elle s'épanche, car de même que, selon le mot d'Isaïe, il ne sort pas une parole de la bouche de Dieu qui ne produise son effet [1], ainsi ce n'est jamais pour rester stérile qu'un sentiment prend naissance dans son cœur. La compassion divine ne trouvant pas au ciel son objet, descend alors sur la terre pour s'attacher aux pas de la souffrance.

Or, qu'arrive-t-il? C'est que, quand la charité chrétienne a fait naître et grandir en notre âme ce noble et généreux sentiment qu'on appelle la compassion, nous aussi nous nous mettons en quête de ceux qui souffrent pour les soulager. Et sur ce chemin de nos recherches ou bien aux côtés des malheureux, lorsque nous les avons découverts, se fait nécessairement la rencontre de notre cœur avec celui de Dieu. La compassion divine et la compassion humaine, comme deux sœurs amies, se donnent alors la main et s'étreignent dans un sublime embrassement de fraternité; et les deux cœurs où elles ont pris naissance trouvent, dans la communauté du dévouement et du travail, leur lien d'union; l'un pour donner le pardon et l'amour dont il est toujours riche, l'autre pour recevoir ces grâces dont il a toujours besoin : *Beati misericordes, quoniam ipsi misericordiam consequentur* [2].

Voilà les révélations mystérieuses que firent au cœur d'Ozanam sa foi simple, sa candeur d'enfant et probable-

---

[1] *Sic erit verbum meum, quod egradietur de ore meo : non revertetur ad me vacuum, sed faciet quæcumque volui, et prosperabitur in his, ad quæ misi illud.* Isaïe, chap. LV, 11.

[2] Saint Mathieu, v, 7.

ment aussi les vertus chrétiennes, pratiquées depuis long-temps par son père et sa mère. Aussi sa résolution fut bientôt arrêtée.

S'abouchant avec six autres jeunes gens, ses amis, et M. Bailly plus avancé en âge, il proposa de rendre visite aux pauvres du quartier. Cette bonne œuvre, à son avis, devait être plus efficace, pour soustraire leur foi aux dangers du doute et leur cœur aux profanations du vice, que les stériles discussions auxquelles on se livrait dans leurs réunions d'étudiants, où toutes les opinions étaient représentées. Sa proposition fut bien accueillie et tout aussitôt on alla prier la sœur Rosalie d'éclairer leur inexpérience et de diriger leurs premiers pas en leur indiquant quelques familles indigentes et dignes d'intérêt.

La semence était jetée en terre et ne devait pas tarder d'en faire sortir cette tige magnifique et puissante, dont les rameaux s'étendent aujourd'hui sur l'univers entier.

Quelques jours après, l'un des étudiants demanda de commencer et de clore les séances par la prière, un autre de placer la petite association sous le vocable de saint Vincent de Paul. Ce cénacle, dans leurs intentions, devait rester fermé. Mais grâce à Dieu la porte en fut bientôt entr'ouverte et ne se referma plus. En 1833, l'Association comptait près de cent membres. Malgré la bienveillance de l'hospitalité qu'on recevait dans la maison des Bonnes Études, on fut obligé de se séparer en deux conférences, puis en quatre, puis en un plus grand nombre. Heureuse séparation! Puisque le souffle qui animait la première conférence devait, en se répandant, charrier un peu partout, comme un vent propice, la semence féconde et bénie de la charité.

La fondation des conférences de saint Vincent de Paul fut donc à peu près la seule initiative vraiment utile de cette époque, la seule qui ait porté et porte encore des fruits abondants de vie chrétienne.

RAPPORT HISTORIQUE

SUR L'ŒUVRE DE SAINT-LOUIS-DE-GONZAGUE

A SAINT-BRUNO-LES-CHARTREUX, LYON

I

FONDATION DE LA CONFRÉRIE DE LA REINE DU CIEL

ET DES NEUF CHŒURS DES ANGES

M. L'ABBÉ FAVRICHON. — M. VALOIS, SES DIFFICULTÉS

ERS la fin de l'année 1823 [1] ou au commencement de 1824, quelques jeunes gens désireux de se préserver des dangers du monde, de nourrir et d'accroître dans leurs cœurs le goût de la vraie et solide piété, vinrent se ranger sous la direction d'un prêtre zélé,

[1] Au commencement de 1823, M. de la Croix était encore curé de Saint-Bruno. Lorsque le département de l'Ain fut détaché de l'archidiocèse de Lyon et que le Pape Pie VII eut érigé, en 1822, Belley en évêché, le roi Louis XVIII

M. Favrichon, de la société des prêtres de Saint-Irénée, aux Chartreux.

Ce ne fut tout d'abord qu'une petite réunion d'amis, heureux de s'assembler quelquefois autour du prêtre, pour entendre de sa bouche une parole d'encouragement, d'édification et de bon conseil. Mais bientôt d'autres jeunes gens se joignirent à eux, et l'espace restreint d'une chambre ne pouvant plus suffire à les contenir tous, le directeur M. Favrichon résolut de faire les réunions dans un local plus vaste et d'une manière plus régulière et plus solennelle.

Dès ce moment, la petite société prit un caractère d'association religieuse. M. Pousset, curé de la paroisse, adressa alors à MM. les vicaires généraux qui administraient le diocèse de Lyon, au nom de son Éminence le cardinal Fesch, exilé à Rome, une demande à l'effet d'obtenir l'érection canonique de la petite société en confrérie de la Reine du Ciel et des neuf chœurs des Anges. Voici la teneur du diplôme conservé dans vos archives : « Nous, vicaire général

désigna, au mois de janvier 1823, comme titulaire du nouveau diocèse, M. l'abbé Devie, vicaire général de Valence. Il fut préconisé par la cour de Rome, le 10 mars 1823 et sacré le 15 juin à Paris. Deux curés de Lyon, M. de la Croix, curé de Saint-Bruno et M. Greppo, curé de Saint-Just furent choisis pour grands vicaires. Tous les deux accompagnèrent le prélat à Belley et assistèrent à sa prise de possession le 15 juillet de la même année.

M. de la Croix exerça pendant quinze ans les fonctions de vicaire général de Belley. En 1837, il fut nommé évêque de Gap, et sacré à Bourg dans l'église de Brou, le 15 juillet. Transféré en 1840 à l'archevêché d'Auch, il gouverna ce diocèse pendant dix-sept ans, puis donna sa démission et vint finir ses jours dans la maison des Chartreux, où il ne cessa d'édifier par sa simplicité et sa régularité monacale. Son corps repose dans le caveau de la chapelle de Saint-Bruno.

M. l'abbé Pierre Pousset, économe du séminaire d'Alix, fut appelé au mois de juillet 1823, à lui succéder à la cure de Saint-Bruno. Il donna sa démission vers la fin de 1856, pour se consacrer exclusivement à l'administration de la Congrégation importante de la Sainte-Famille, dont il était le fondateur.

du diocèse de Lyon, vu la requête de M. le curé de Saint-Bruno de Lyon, en vertu du bref que Sa Sainteté le Pape a daigné nous adresser le 17 mai 1823, instituons à perpétuité dans l'église paroissiale dudit lieu la confrérie dite : la Dévotion à la Reine du Ciel et aux neuf chœurs des Anges, avec les indulgences que les Souverains Pontifes y ont attachées. Lyon, le 17 février 1824. *Signé :* BOCHARD, vicaire général [1].

Cette institution canonique par l'autorité diocésaine, revêtue de la consécration du Souverain Pontife, ouvrait dès lors aux associés les trésors spirituels de l'Église et leur assurait la bénédiction de Dieu.

En 1826, le fondateur fut appelé à des fonctions qui ne lui permirent plus de s'occuper de l'œuvre qu'il avait créée ; mais il recommanda la société naissante à l'un de ses jeunes confrères, M. Valois, alors sous-diacre et élève de théologie dans la maison des Chartreux.

Le grand Jubilé, célébré à Rome en 1825 et ouvert à Lyon le 29 octobre 1826, apporta une nouvelle activité à la vie religieuse de la ville et de ses œuvres diverses [2].

---

[1] Le lendemain, 18 février, Mgr de Pins, évêque de Limoges, faisait son entrée solennelle à Lyon, comme administrateur apostolique, avec le titre d'archevêque d'Amasie, *in partibus infidelium*.

[2] Toutes les paroisses furent évangélisées en même temps soit par les Missionnaires des Chartreux, soit par les missionnaires de France, ou par des prêtres du diocèse qu'avait choisis Mgr de Pins. M. Rauzan était supérieur général. La procession générale qui inaugura les exercices du Jubilé fut des plus imposantes. Partie de la cathédrale, elle traversa le pont de Pierre, passa devant l'église de Saint-Nizier et vint réunir ses orbes immenses sur la place Louis-le-Grand.

Pendant cinq semaines les églises furent remplies le matin et le soir. A la fin du Jubilé l'affluence était si considérable que les exercices durent se faire séparément pour les hommes et pour les femmes. Mgr de Pins visita toutes les paroisses

Tous les membres de votre société en suivirent les exercices avec beaucoup de zèle et puisèrent, dans la communion générale qui couronna cette œuvre importante, une nouvelle ardeur. Aussi y eut-il un concours plus considérable de jeunes gens dans les assemblées qui suivirent. Mais ils montrèrent bientôt une grande indifférence. Pourquoi?

Les agitations politiques dont nous avons parlé; la volée que prenaient les aspirations de tous vers une liberté sans limites et je ne sais quel affranchissement de toute contrainte; les mauvais exemples de la bourgeoisie, son éloignement systématique des choses de la religion, l'atmosphère de scepticisme qu'elle avait créée autour d'elle et dont les classes ouvrières respiraient comme fatalement les éléments délétères; l'inconstance de la jeunesse qui, semblable au papillon, ne peut guère se fixer et s'en va voltigeant toujours vers ce qui est nouveau, ce qui brille, ce qui a quelque éclat, même vers la petite flamme qui doit lui brûler les ailes; tout cela donne l'explication de ce refroidissement de zèle.

De plus, les travaux du nouveau directeur ne lui laissaient point assez de loisirs pour s'occuper sérieusement de votre œuvre, présider d'une façon bien régulière aux réunions, se mettre en contact assez intime avec les jeunes gens et les tenir continuellement en haleine.

Le nombre allait diminuant chaque jour. Cette œuvre était donc condamnée à disparaître si M. Valois se fût découragé, comme cela arrive trop souvent aux jeunes prêtres

et partout fit entendre des paroles d'encouragement et de félicitation pour l'empressement admirable à venir entendre la parole de Dieu et profiter des indulgences dont l'église venait d'ouvrir le trésor.

qui, rencontrant, dès les premiers pas, dans la création d'œuvres semblables, des difficultés nombreuses et les croyant insurmontables, n'osent les affronter.

Qui ne sait que, si combattre est rarement la certitude de vaincre, c'en est du moins la première condition. D'ailleurs ce n'est pas le succès que Dieu demande à ses ouvriers; non, c'est le travail, c'est l'effort, c'est la volonté. Le succès, il l'envoie à son œuvre au moment qu'il a choisi. Il vient si bien de lui que même d'humbles efforts peuvent produire un jour de grands résultats. La goutte de sueur tombée de notre front féconde quelquefois le sillon de notre travail au delà de toute prévision et de toute espérance. Aussi, puisque le succès dépend si peu de notre volonté et de nos efforts, ne doit-il point nous enivrer quand il nous sourit, ni nous décourager quand il nous est contraire.

M. Valois sut comprendre cela, et se plaçant chaque dimanche dans la partie du petit cloître qui conduit au chœur de l'église paroissiale, il examina pendant plusieurs dimanches, les jeunes gens qui assistaient aux saints offices. Puis il prit en particulier ceux qu'il crut avoir un plus grand besoin d'instruction et de conseils, ceux en qui il remarqua quelque bonne volonté, pour donner une nouvelle vie à la petite société.

Cette fois Dieu devait bénir et rendre fécond chacun de ses efforts. Le troupeau fut petit d'abord; dix, douze et bientôt après vingt jeunes gens le composaient. C'était assez pour travailler sérieusement à la réorganisation de l'œuvre et l'asseoir sur une base inébranlable. Si M. Valois eût montré trop d'ardeur et se fût hâté, comme on le fait souvent en pareille circonstance, de prendre au hasard tout ce

qui se présentait sous la main, afin de donner du premier
coup à sa Congrégation les apparences de la prospérité,
peut-être eût-il commis une imprudence! L'impatience
n'a jamais passé pour sagesse, et le nombre lui-même, qui
est tant recherché parce qu'il flatte l'amour-propre, fait
croire au succès, et aussi, il faut le reconnaître, parce qu'il
est un puissant encouragement, devient quelquefois un
danger au début d'une œuvre, à moins qu'il ne soit dans
la main d'un génie ou d'un saint. C'est en effet chose difficile et délicate que le maniement des âmes, dont les vues
et les aspirations sont souvent si différentes; c'est chose
périlleuse et ardue que la direction à leur imprimer, surtout
lorsqu'il s'agit d'un grand nombre et qu'il n'existe entre
elles aucun lien, aucune force de cohésion. Comment les
faire entrer d'un coup dans la même voie, les pénétrer des
mêmes idées, leur inspirer les mêmes sentiments, les enflammer du même zèle, les façonner aux mêmes habitudes,
les mouler, pour ainsi dire, à la même effigie, sans rencontrer des résistances, des obstinations, qui iront peut-être
jusqu'à former un parti et entraîneront ensuite dans la
révolte la moitié ou les deux tiers de ceux qu'on croyait
avoir réunis en une société forte et pleine d'avenir? Il est
plus sage de procéder avec mesure, d'agir d'abord sur un
nombre restreint et de n'admettre au cénacle que ceux qui
sont capables de recevoir l'inspiration. Puis quand on a
formé comme un petit collège d'apôtres, fortement unis
dans une même communion de foi, de pensées, de sentiments, de pratiques religieuses, bien pénétrés de l'importance et de la grandeur de l'œuvre, possédant la pleine
connaissance du but à atteindre et des principaux moyens

à employer, franchement décidés à donner toute leur activité et tout leur dévouement, on peut sans crainte aller de l'avant. La société est formée. Elle n'a plus qu'à grandir, à se développer, à ouvrir ses rangs à ceux qui voudront y entrer. Car il y a là désormais une âme pour donner la vie à ce corps, en diriger la marche, en soutenir les efforts, en régler les mouvements.

Telle fut la voie dans laquelle M. Valois résolut de marcher. Pendant près de deux ans, tous ses efforts tendirent à former ceux dont il devait plus tard faire ses auxiliaires.

Dès lors, la sève ravivée dans votre œuvre commença son mystérieux travail et ne tarda pas à promettre des fleurs et des fruits.

Vers 1828, la petite société pouvait déjà accueillir dans son sein un grand nombre de jeunes gens.

En 1829, le second dimanche de la Fête-Dieu, elle se trouvait assez forte, assez maîtresse d'elle-même pour être admise à l'honneur de sa première communion.

Un jeune adolescent, par l'accomplissement de ce grand acte, dit adieu à l'enfance, fait son entrée dans la jeunesse et dans la vie sérieuse du chrétien. Il porte dans son cœur et sur son front, lorsqu'il va s'agenouiller à la table sainte, plusieurs joies ensemble : la joie de la jeunesse, qui désormais s'ouvre devant lui, la joie de l'innocence retrouvée, la joie de la religion qui prend racine en son âme, la joie d'une visite céleste qui le rend le familier de Dieu.

Votre œuvre aussi, par cette communion générale dont elle avait été jugée digne et à laquelle prirent part près de quatre-vingt-dix associés, disait adieu à l'enfance, à cette période laborieuse et difficile de formation qu'elle venait de traverser, entrait dans la puissante vitalité de la jeunesse, prenait pied dans la paroisse et s'emparait des bénédictions de Dieu pour assurer son avenir et sa fécondité. Aussi une joie sereine rayonnait sur le front de chacun de ses membres, et l'onction de ce jour-là demeura dans leur âme comme une vertu fortifiante.

II

RÉVOLUTION DE 1830. — CRAINTES QU'ELLE FIT NAITRE

ERS le milieu de 1830, votre société comptait déjà plus de cent membres.

Les graves événements des derniers jours de juillet de cette année, ne modifièrent pas d'une manière sensible les conditions de votre existence, mais les excès antireligieux qui furent commis apportèrent à tous vos associés d'amères tristesses et leur firent concevoir des craintes sérieuses pour l'avenir de l'œuvre. De plus les yeux d'un grand nombre se remplirent de larmes, lorsqu'ils virent des gardes nationaux jeter à bas de l'Hôtel de Ville le drapeau blanc et, sans pudeur, le fouler aux pieds comme un vil chiffon [1].

Comment en effet se défendre d'une émotion profonde? Pour tout homme de cœur, quelles que soient d'ailleurs ses

---

[1] M. Perret et plusieurs autres sociétaires avaient été les témoins de cet acte, qui ne pouvait être inspiré que par une âme basse et avilie.

opinions politiques, c'est chose grave et solennelle que la disparition d'un drapeau, et il est révoltant de voir piétiner ce symbole de la nationalité, des institutions, des lois, des coutumes, de la vie d'un pays; cette image sacrée de la patrie absente pour les soldats qui combattent au loin, autour de laquelle ils se rallient pour vaincre, qu'ils défendent au péril de leur vie, dont ils disputent les lambeaux par le sabre, les balles, la mitraille à un ennemi victorieux, et que leurs mourants saluent de leurs derniers regards. Ce drapeau ne fut-il qu'une guenille, devant cette guenille abreuvée de gloire ou de revers, les tambours battent aux champs, les soldats présentent les armes, et les hommes de cœur se découvrent avec respect, car triomphante ou vaincue, elle porte cachée dans ses plis l'âme de la nation.

Le drapeau blanc, ce vieux témoin de tant de journées héroïques, qui depuis Jeanne d'Arc jusqu'à Suffren, avait abrité tant de faits d'armes éclatants, tant de dévouements sublimes, tant de triomphes historiques, cédait donc la place au drapeau tricolore, le glorieux nouveau venu de 1789. Ce dernier avait agrandi, il est vrai, le patrimoine moral de l'honneur et de la gloire militaire, dans sa course de quinze ans à travers l'Europe; mais, après avoir tout gagné, il avait tout perdu et n'avait transmis, en disparaissant dans un désastre en 1814, aucune conquête territoriale à la vieille France. Le drapeau blanc, au contraire, avait laissé une première fois, en 1789, le territoire national formé tout entier; et en 1830, il laissait la France agrandie par la conquête d'Alger, glorieuse porte ouverte sur le monde africain.

En effet, dans la soirée du 4 juillet 1830, le gouvernement algérien, qui avait si longtemps bravé l'Europe, tombait en dissolution; et le lendemain, 5, dès la pointe du jour, le général en chef de l'armée française, le comte de Bourmont, se dirigeait, avec son avant-garde, vers la Casbah, pendant que la première division et la troisième prenaient possession, l'une du fort des Anglais et de la porte de Bab-el-Oued, l'autre de la porte Bab-Azzoun, et que d'un autre côté la flotte se rapprochait, sous le commandement de l'amiral Duperré, afin d'occuper la rade et le port.

C'était pour la piraterie la destruction complète, pour la Méditerranée un heureux affranchissement, pour la civilisation un glorieux triomphe et pour l'œuvre, que trois siècles avaient appelée de leurs vœux, un succès inespéré.

La nouvelle de la prise d'Alger était arrivée à Paris le 9 juillet, et y avait produit une émotion profonde. Les bruits de gloire reçoivent toujours bon accueil en France et l'on ne peut se défendre d'un premier mouvement de joie, même d'enthousiasme, lorsque les échos redisent les hauts faits et l'héroïsme de nos soldats. Mais cet enthousiasme ne dura qu'un moment; les passions politiques reprirent vite le dessus. Deux jours après, quand le roi se rendit à Notre-Dame pour assister au chant du *Te Deum* et remercier Dieu de la victoire accordée à nos armes, la population resta impassible sur son passage. Tout était morne et silencieux. Quelques cris, évidemment préparés et peut-être achetés par le ministère, firent seuls les frais de la joie publique. Peu de jours après, le trône de la branche aînée des Bourbons était renversé.

Mais la vieille monarchie, en tombant au moment même où elle venait d'ajouter à la couronne de France l'un de ses plus beaux et plus riches fleurons, emportait les sympathies respectueuses et les regrets de tous les hommes de cœur. Elle gardait au front cette auréole de grandeur, de générosité, de fidélité à l'Église et à la tradition nationale qui, quelques années après, rendue plus éclatante par les vertus du comte de Chambord, par la haute dignité de sa vie, la loyauté de son caractère, la noblesse de ses sentiments, la sincérité de son langage, devait donner une incomparable majesté à la vieille royauté française, forcer l'admiration et le respect du monde entier et échoir en riche patrimoine au noble et vaillant héritier de la couronne de France, à Monseigneur le comte de Paris.

Au contraire les menées des politiciens, qui avaient préparé et qui conduisirent la révolution de Juillet, demeurèrent marquées d'un stigmate d'ingratitude et de péché politique.

La circonstance de la conquête d'Alger, la disparition du drapeau blanc, glorieux et cher à la France, les bonnes intentions de Charles X, qui ne s'était retourné vers l'extrême droite que dans l'espoir d'y trouver un plus sûr appui pour la monarchie, les craintes même qu'il avait conçues, en s'exagérant de bonne foi l'hostilité du parti libéral contre la religion et qui l'avaient conduit à tenter l'aventure d'un coup d'État, pour n'être pas obligé de renoncer un jour à son glorieux titre de roi très chrétien, donnent la raison des larmes qui furent répandues, lorsqu'il descendit du trône, et des soulèvements de colère qui se produisirent dans toutes les âmes généreuses et chrétiennes.

Or il y eut parmi vous beaucoup de ces âmes. C'est dire que la vie religieuse et le sentiment de la grandeur morale et du devoir avaient déjà dans votre œuvre une circulation très active. Aussi pendant les quelques mois qui suivirent la révolution de Juillet et qui fatalement furent remplis de troubles, n'y eut-il à proprement parler aucune défection dans les rangs de votre société. M. Valois prévoyant que les principes de révolte, semés un peu partout, allaient rendre sa tâche plus difficile, redoubla de zèle et d'activité. A défaut de procès-verbaux que nous n'avons pu consulter, puisqu'il n'en existe pas de cette époque dans vos archives, nous avons interrogé il y a sept ou huit ans, deux anciens membres, morts aujourd'hui. Nous nous souvenons que c'est avec des larmes dans les yeux qu'ils nous rappelaient les marches et contre-marches de M. Valois, les témoignages d'intérêt, de vrai dévouement qu'il prodiguait à tous les sociétaires pour les attacher plus fortement à l'œuvre et les préserver par ce moyen de la contagion du mal.

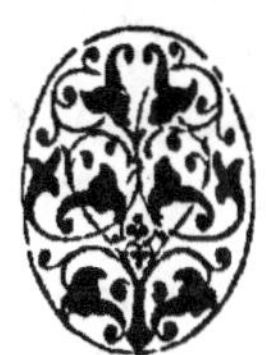

III

PREMIERS TRAVAUX POUR LA RÉDACTION DÉFINITIVE DU RÈGLEMENT
INSURRECTION DE NOVEMBRE 1831. — ÉLOIGNEMENT DU DIRECTEUR
SON RETOUR, SA CONDUITE
AU MILIEU DES SOLDATS CASERNÉS AUX CHARTREUX

IL est probable que jusqu'à cette époque, votre société n'eut aucune règle écrite; ou si elle en eut, il n'en reste plus de trace. C'était acte de sagesse d'ailleurs, de ne pas trop se hâter. Il vaut mieux mettre d'abord la vie dans une œuvre, avant de mettre l'œuvre sur le papier, de codifier ses usages. Aucune constitution n'est durable que celle qui résume des coutumes et ce que l'expérience a établi. Qui ne sait que dans l'Église, la loi écrite a suivi la pratique ?

En 1831, M. Valois comptait déjà six ans d'expérience. Ses essais d'organisation et ses efforts avaient été couronnés d'un plein succès. Il comprit qu'il était temps de sortir de la voie des tâtonnements, de la vie au jour le jour, et de rédiger par écrit les règles et les coutumes de la société, afin de prévenir désormais toute incertitude, toute hésitation, donner à la marche de l'œuvre plus d'assurance et de fermeté.

Comme président de votre petite république il décréta donc en conseil des dignitaires : 1° qu'une assemblée constituante serait convoquée le second dimanche après Pâques, à l'effet de délibérer et statuer en dernier ressort sur l'organisation définitive de votre œuvre ; 2° que l'assemblée serait composée de trente membres, savoir : les conseillers en fonction, les chefs de division et quatorze délégués, élus au scrutin de liste ; 3° que les pouvoirs de l'assemblée ne prendraient fin qu'après la promulgation du règlement. Il prescrivit en outre, comme ministre des cultes, que des prières solennelles seraient adressées à Dieu, pour appeler ses bénédictions sur les travaux qu'on allait entreprendre. En conséquence tous les associés furent invités à assister à une messe du Saint-Esprit qu'il célébra lui-même, à l'église paroissiale. Le soir de ce jour, à 5 heures, la session était ouverte sous sa présidence [1].

Cette chambre au petit pied ne mit point d'huissiers à sa porte, n'imposa aucune entrave à l'initiative parlementaire, n'inscrivit dans son règlement particulier ni rappel à l'ordre, ni amendes, ni exclusion temporaire, et ne demanda à ses membres qu'une seule chose : l'amour sincère de votre société. Elle n'eut pas non plus de tribune pour les orateurs ; chacun parlait de sa place ; ni de journal officiel pour enregistrer les discours, les amendements,

---

[1] Les procès-verbaux de ces sessions sont perdus. Les détails donnés ici ont été fournis par M. Perret, qui faisait partie de l'assemblée et qui n'est mort qu'en 1875.

les interruptions et les, bons mots ; le secrétaire ne couchait sur son procès-verbal que les décisions prises à la majorité des voix ; ni de galerie pour applaudir, et passionner les débats ; la discussion n'était pas publique. Pourtant le travail n'en fut ni moins consciencieux, ni moins bon. Le calme, la sagesse, le bon sens et le désir du bien planèrent sur toutes les délibérations. On le comprend d'emblée. L'opposition, s'il s'en forma une, ce qui n'est pas probable, n'ayant pas à récompenser des services électoraux, ni à faire l'assaut de places lucratives, ni à renverser un ministère, ne put se proposer d'autre objectif que les intérêts de votre œuvre. Aussi la besogne, menée rondement soit dans les commissions, soit dans les assemblées générales, touchait-elle à sa fin après six séances.

Vers le mois de septembre, M. Valois n'avait plus qu'à disposer par chapitres et paragraphes les divers articles avant de les soumettre à la dernière lecture, demander le vote sur l'ensemble du règlement et clore la session. Ce travail était presque achevé, lorsque de graves épreuves vinrent compromettre l'existence même de votre société.

Qui ne sait qu'au mois de novembre 1831, les ouvriers s'insurgèrent pour une question de tarif, parvinrent, après trois jours de lutte sanglante, à chasser toutes les troupes et restèrent maîtres absolus de la ville. Ils surent toutefois ne point abuser de leur victoire, et gouvernèrent Lyon, pendant plusieurs jours, sans qu'on eût à signaler aucun désordre.

Mais bientôt le duc d'Orléans et le maréchal Soult, ministre de la guerre, à la tête de quelques régiments recueillis sur la route de Châlon-sur-Saône à Lyon, et des troupes qui avaient été rejetées hors de la place par les insurgés, entrèrent dans la ville sans coup férir, dissipèrent l'émeute, en firent emprisonner et juger les chefs. Tous les points stratégiques furent occupés. Il était impossible que la maison des Chartreux, avec ses terrasses dominant la ville, et si bien faites pour recevoir des batteries, n'attirât pas l'attention des chefs de l'armée. Le prince et le maréchal s'adressèrent donc à Monseigneur de Pins, pour obtenir qu'on leur accordât ce poste. L'archevêque ne crut pas devoir résister à leurs instances. M. Valois, alors professeur de théologie, dût quitter la maison des Chartreux, avec ses six élèves : MM. Plantier, mort évêque de Nîmes ; Gorand, longtemps supérieur du petit séminaire de Verrières et mort curé de Saint-Bruno en 1865 ; Béraud, qui fut, pendant de longues années rédacteur des *Annales de la Propagation de la Foi;* Bouché, qui exerça le ministère dans la paroisse de Saint-Bruno et mourut jeune ; Mgr Pagnon, camérier de Sa Sainteté Léon XIII et vicaire général de Lyon ; Hyvrier, supérieur de l'Institution des Chartreux. Ils trouvèrent un asile dans la maison Ruboz, attenante à la maison de campagne du grand séminaire, à la Croix-Rousse.

Cet éloignement du Directeur aurait pu paralyser la marche de votre œuvre, si son dévouement n'eût pas été de ceux que l'épreuve ne décourage pas. Ce n'est point de ce côté qu'était le danger. Mais l'occupation par les soldats de la chapelle des retraites et des cloîtres allait rendre difficiles, pour ne pas dire impossibles, les assemblées du dimanche. Que faire ?

M. Valois savait trop bien par expérience que là était tout

le secret de l'œuvre et que s'il interrompait les réunions pour un temps, dont il ne pouvait prévoir la durée, l'existence de la petite société serait de nouveau compromise.

Aussi, voulut-il, à tout prix, les continuer ; convoquant, chaque dimanche, les associés, tantôt dans une chambre, tantôt à la sacristie, non point toujours pour entendre une instruction et chanter des cantiques, mais au moins pour échanger de part et d'autre une cordiale poignée de main et s'encourager à la persévérance, en attendant des jours meilleurs.

Six mois après, M. Valois et ses théologiens revinrent aux Chartreux et se logèrent dans les appartements qui sont au-dessus de la chapelle des Retraites. Votre Société reprit de nouveau sa marche régulière. Où et comment se firent les réunions ? C'est ce que ne disent point les notes que nous avons consultées, car huit cents soldats restèrent aux Chartreux jusqu'au commencement de l'année 1837, occupant la chapelle des Retraites, celle de Messieurs les Missionnaires et la maison carrée [1]. Il est probable toutefois que M. Valois fit disposer en chapelle une portion du petit cloître, celle qui longe à l'ouest le cimetière des Chartreux, où l'on devait plus tard installer une classe de votre école dominicale et qui sert aujourd'hui de salle de récréation pour les enfants de la Maîtrise. Ce qui donne à cette hypothèse toute l'apparence d'une certitude, c'est que deux anciens membres de votre

[1] MM. les missionnaires reçurent l'hospitalité dans les communautés de Saint-Joseph, de Saint-Charles, du Sacré-Cœur, à l'hospice Saint-Bruno. M. Mioland, supérieur, prit logement dans la maison de la Sainte-Famille, avec M. Pousset, curé, et les vicaires.

Société se rappellent qu'à l'époque qui nous occupe, les assemblées se tenaient en cet endroit.

D'autre part, le 4 du mois d'octobre, de l'année 1833, à la fin de la retraite de MM. les Missionnaires, que Mgr de Pins avait bien voulu bénir et pendant laquelle il vint plusieurs fois apporter des encouragements à la Congrégation, la cérémonie des vœux, d'après une note de M. Ballet, se fit dans votre chapelle. Cette note semble indiquer la portion du cloître, dont nous venons de marquer la place. Ce jour-là, la Société des missionnaires qui avait porté le nom de Congrégation des Pères de la Croix de Jésus, prit définitivement celui de : Société des Prêtres de Saint-Irénée. M. Valois fut admis à prononcer son premier engagement triennal.

Les choses n'allèrent pas trop mal au milieu des soldats. M. Valois se mouvait avec une aisance admirable dans leurs rangs, distribuant à droite et à gauche des saluts, des poignées de main, de bonnes paroles, quelques-uns de ces mots qui sont toujours les bienvenus dans les âmes, parce qu'ils sortent du cœur. On eût dit qu'il faisait partie d'un régiment. C'était l'ami de tous. Faut-il s'en étonner ?

La soutane et l'habit militaire se sont rencontrés si souvent sur les champs de bataille, dans les ambulances, en captivité, qu'on dirait comme deux vieux compagnons d'armes, qui ont reçu ensemble la double consécration de la gloire et du malheur et qui sont toujours heureux de se retrouver. Et puis le soldat, lorsqu'il est à un poste de danger, d'instinct se rapproche du prêtre, parce qu'il sent bien que près de celui qui bénit et pardonne au nom de

Dieu, il craindra moins la mort et portera plus vaillamment l'épée.

Ah ! certes, c'est un grand et réconfortant spectacle que celui qui est offert par le représentant de la patrie d'en haut et le représentant de la patrie terrestre, lorsqu'ils unissent leurs mains dans une cordiale étreinte. C'est montrer que les deux patries attendent l'amour et le dévouement de tous ; que les intérêts sacrés de l'une ne font point mettre en oubli les intérêts de l'autre ; c'est proclamer hautement que le prêtre et le soldat remplissent ici-bas une noble et sainte mission ; que si le soldat protège par l'épée, contre les ennemis du dehors, le sol national, le prêtre abrite à l'ombre de la croix les choses les plus douces et les plus chères au cœur de l'homme, le berceau, le foyer domestique et la tombe ; que si le soldat, en sentinelle vigilante, veille à l'honneur du drapeau, à l'intégrité de la gloire et de la grandeur du pays, que s'il garantit la sécurité des personnes, du commerce, des relations ; de son côté le prêtre sauvegarde la dignité des âmes, éclaire les consciences des lumières de la vérité, élève et fortifie les cœurs dans l'amour du bien, donne enfin aux œuvres, aux pensées, à tous les sentiments de l'homme l'estampille chrétienne qu'on exige à la porte du ciel.

Eh bien ! ce spectacle, pendant plusieurs années, se renouvela tous les jours aux Chartreux. Souvent, quand M. Valois était tiré par quelqu'une de ses nombreuses occupations, du milieu des soldats, il aurait eu besoin d'avoir des centaines de mains à présenter à leurs chaudes étreintes, pour être plutôt libre et aller aussitôt à son travail. Peut-être faut-il faire remonter jusqu'à lui la création de l'œuvre militaire, si intéressante et qui pendant longtemps offrit à tant de jeunes gens, pour se conserver bons et purs, toutes les ressources de la religion. Toujours est-il que beaucoup des soldats casernés aux Chartreux, emportèrent dans leur cœur un souvenir reconnaissant de M. Valois pour ses bons conseils et l'intérêt si bienveillant qu'il leur avait témoigné.

IV

DÉPART DE M. VALOIS POUR LA CORSE. — INSURRECTION D'AVRIL 1834
MALADIE ET MORT DE M. VALOIS
LES REGRETS QU'IL LAISSE. — MORT DE M. FAVRICHON

ENDANT les vacances de l'année scolaire 1832, M. Valois fut envoyé en Corse par Mgr de Pins, en qualité de visiteur, pour tous les établissements des Sœurs de Saint-Joseph. Les trois mois qu'il y séjourna, furent employés à prêcher dans toutes les communautés des retraites spirituelles, afin de consolider et développer encore le bien déjà commencé par M. Basset, dans une visite faite deux ans auparavant.

Mais avant de partir, il eut soin de recommander à la sollicitude de M. Mioland, alors supérieur de la maison des Chartreux, votre Société, afin que chaque dimanche il voulût bien déléguer un missionnaire pour présider à vos réunions et vous adresser quelques paroles de piété et d'encouragement. Il est probable qu'il voulut se charger seul de ce travail, puisque les notes conservées dans vos archives nous apprennent que toutes les cérémonies principales et les assemblées du conseil, pendant ces trois mois, eurent lieu sous sa présidence.

En 1834, il y eut dans les rues de Lyon, une nouvelle échauffourée, plus terrible que celle de 1831. La journée du 10 avril fut particulièrement lamentable. La Guillotière en a gardé longtemps le triste souvenir. Rien pourtant ne vint modifier les conditions de votre existence. Un seul fait mérite d'être rappelé, quoiqu'il ne se rapporte pas directement à l'histoire de votre œuvre, mais parce qu'il mit en émoi la paroisse entière des Chartreux. C'est celui qu'on a représenté dans le tableau, exposé en 1834, dans la chapelle de Fourvière, pour la perpétuelle reconnaissance de la Communauté des Chartreux et de la maison Brunet.

Quelques ouvriers de cette maison avaient tiré des coups de fusil contre les soldats en vedette sur la terrasse des missionnaires. Le commandant, irrité par cette attaque brusque et imprévue, profondément exaspéré d'ailleurs par la mort de trois officiers, tués à Vaise quelques jours auparavant, fit aussitôt braquer le canon contre cette maison qu'il croyait être un refuge de révoltés. Déjà la mitraille avait fait une large trouée, en trois endroits différents, et cinq cents personnes allaient être ensevelies sous les ruines de ce bâtiment immense, lorsque M. Pousset accourut. Se jetant aux pieds du commandant, il demanda grâce pour ses paroissiens innocents, qui ne devaient point devenir victimes pour quelques égarés. L'officier se laissa fléchir, et la paroisse n'eut pas à déplorer un irréparable malheur.

Le zèle de M. Valois ne connaissait pas de bornes. Jamais il ne refusa le travail. Il le recherchait au contraire avec l'ardeur que d'autres mettent à se créer du repos. Il avait à un degré incomparable le génie et la passion des bonnes œuvres. Aussi toutes les sociétés pieuses ou charitables à Lyon étaient-elles en contact avec lui, soit pour en recevoir une direction immédiate, soit pour s'éclairer à la lumière de ses conseils et de son expérience. Mais les plus humbles et les plus obscures avaient les préférences de sa tendresse et de son dévouement. Celles des Savoyards et des maçons, dont les assemblées se tenaient chaque dimanche dans la chapelle du Petit-Collège, reçurent de lui, pendant de longues années, l'impulsion et la vie.

Son travail devint si considérable que M. Mioland, craignant pour sa santé, voulut le décharger de votre œuvre, en la remettant entre les mains de M. Crozet, nouvellement arrivé de Corse. Ce fut pour M. Valois un sacrifice immense, car votre Société était sans doute celle qui lui prenait le meilleur de son temps, mais c'était aussi celle à qui il avait donné le meilleur de son cœur. Hélas ! cet allègement ne devait point lui rendre une santé déjà fortement compromise par tant de travaux et des mortifications excessives. Il mourut admirablement résigné à la volonté de Dieu, au mois de décembre 1837, à l'âge de trente-quatre ans. C'était un de ces prêtres auxquels on peut appliquer en toute vérité la parole de l'apôtre : *Vas in honorem sanctificatum et utile Domino, ad omne opus bonum paratum.*

Une vie mêlée à tant de choses, dépensée en tant d'endroits, utile à tant de gens, ne pouvait se retirer brusquement des scènes variées où elle s'était répandue, sans laisser après elle de profonds regrets et un vide difficile à combler. Aussi, dans la première année de notre ministère aux Chartreux, quoiqu'elle fût déjà bien éloignée de celle où M. Valois rendit son âme à Dieu, puisque c'était vers la fin de 1868, les échos redisaient encore son nom et les sentiments de vénération, dont il avait été si justement l'objet.

Un compte rendu nous a conservé le témoignage irrécusable de l'affection profonde que le dévouement de M. Valois avait fait naître dans le cœur de tous vos associés. L'obligation qu'on lui avait imposée en 1835 d'abandonner la direction de votre œuvre et sa mort survenue en 1837, furent longtemps, sans porter la moindre atteinte à ce sentiment tout fait de tendresse et de vénération. Aussi le 7 mai 1840, second dimanche après Pâques, tous les membres de votre société, rangés trois par trois et au nombre de près de deux cents, partaient de la chapelle des réunions, pour se rendre, en passant par Serin, à Loyasse. Deux d'entre les pèlerins portaient une grande et riche couronne, sur laquelle on lisait en grosses lettres de deuil ces simples mots : *A notre père.* Quand on fut arrivé à la porte de la vaste nécropole lyonnaise un silence religieux s'établit aussitôt dans les rangs. Vers la tombe de M. Valois tous se prosternèrent. A la prière qui montait des cœurs vers Dieu et qui se récitait à haute voix, se mêlèrent d'abord quelques pleurs ; puis ce fut bientôt une explosion de sanglots. Les plus jeunes eux-mêmes, qui n'avaient jamais eu de rapports directs avec M. Valois, mais s'étaient habitués à vénérer celui que leurs aînés appelaient du nom de père, se laissèrent gagner par l'émotion et s'abandonnèrent aux larmes.

Ce n'est point seulement dans la paroisse des Chartreux, et au sein des œuvres lyonnaises, dont M. Valois avait été l'âme, que sa mort fut un deuil. M. Rey, fondateur de l'Ordre des Prêtres, des Frères et des Sœurs de Saint-Joseph, pour la direction des pénitenceries et des maisons paternelles, en ressentit une vive douleur. On le comprend sans peine ; car il avait reçu de M. Valois, avec le bienfait d'une solide amitié, les plus sages conseils et les meilleurs encouragements pour entreprendre l'œuvre qui, soit à Cîteaux, soit à Brignais [1], soit à Saint-Genest-Lerpt, remet aujourd'hui tant d'enfants et de jeunes gens dans la voie du bien ou les préserve de ces chutes et de ces hontes qui font le déshonneur des familles. M. Valois avait travaillé si bien à l'organisation de cette œuvre, que, lorsqu'il fallut commencer, cinq membres de votre Société furent les premiers aides de M. Rey. Trois d'entre eux vivaient encore, il y a peu de temps ; un seul reste aujourd'hui. La fleur du souvenir, nous a assuré le père Cœur, directeur de la maison paternelle de Saint-Genest-Lerpt, n'a pas été étouffée en lui, sous la glace de ses quatre-vingts ans ; et c'est toujours avec bonheur et reconnaissance qu'il fait arriver sur ses lèvres le nom de M. Valois et celui de votre œuvre, pour les unir dans un même amour avec celui du père Rey.

Dans cette même année 1837, et quelques mois avant M. Valois, le premier fondateur de votre Société, M. Fa-

---

[1] Primitivement la maison de Brignais était installée à Oullins.

vrichon avait fait aussi, avec des sentiments admirables
de foi et de résignation, ses adieux à la vie. La mort, en
les frappant tous les deux, vous léguait des vertus qui
eussent été votre exemple, votre encouragement et votre
joie, si elles eussent marché devant vous, mais qui devinrent votre force auprès de celui qui vous les retirait de
devant les yeux. Ce n'est point assurément la séparation
qui pouvait interrompre ni même ralentir parmi vous la
circulation de leur amour, de leur dévouement, si riche et
si active pendant leur vie. La perfection consommée du
ciel, dont Dieu sans aucun doute récompensa bien vite
leurs travaux, au lieu de tarir dans leur sein l'admirable
pouvoir de faire du bien à ceux qu'ils aimaient, ne pouvait
que l'étendre et le rendre plus fort. Comment auraient-ils
pu, pour jouir d'un bonheur égoïste, se désintéresser des
efforts, des fatigues, des luttes, des dévouements de ceux
qui restaient ici-bas à soutenir l'honneur d'une société à
laquelle ils avaient donné le meilleur de leur âme? Cette
mort qui vous séparait de vos fondateurs, dans l'ordre des
relations naturelles · et d'une direction bienveillante et
éclairée, ne faisait donc que vous unir plus étroitement à
eux dans l'ordre de la grâce et d'une assistance que leur
crédit auprès de Dieu devait rendre plus efficace. « *Quantum
de sua felicitate securi*, disait autrefois saint Cyprien,
tantum de nostrâ salute solliciti ». Plus ils sont assurés de
leur bonheur, plus ils ont de sollicitude pour notre salut.

V

NOMINATION DE M. L'ABBÉ CROZET A LA CHARGE DE DIRECTEUR
SON AMÉNITÉ, SON ZÈLE
SON DÉPART DÉFINITIF POUR LA CORSE

ONSIEUR l'abbé Mathieu Crozet exerça les fonctions de directeur pendant quatre années, du mois de septembre 1835 jusqu'au mois de juin 1839. Toujours oublieux de lui-même, toujours prêt pour le travail, il se consacra à votre œuvre avec un tel dévouement que bientôt il fut environné d'estime et d'affection. Sa bonté inaltérable, l'aménité de son caractère, la générosité de son désintéressement lui conquirent tous les cœurs. Aussi eut-il la consolation de voir votre société s'accroître chaque jour et surtout prendre plus de consistance par la piété et l'attachement de ses membres.

M. Crozet acheva la rédaction du règlement qu'on suit encore aujourd'hui. Quelques modifications y ont été introduites plus tard, à fur et mesure des besoins et des leçons de l'expérience, mais ces changements n'ont porté que sur

M. L'Abbé CROZET

des détails de secondaire importance. Il possède depuis 1872 sa forme définitive. On peut donc dire qu'il est le fruit de mûres réflexions, d'une sagesse toute chrétienne et d'une expérience consommée.

En effet c'est par journées, par semaines qu'on est arrivé à la constitution qui vous régit et qui, par le fait de cette longue élaboration, s'impose avec plus d'autorité à votre obéissance.

M. Crozet inaugura aussi un usage qui n'a pas peu contribué à former et à maintenir les bonnes traditions : c'est celui de faire dresser procès-verbal de toutes les séances du conseil et de toutes les cérémonies importantes. Le premier procès-verbal conservé dans vos archives porte la date du 13 janvier 1839. Il reproduit très fidèlement la physionomie de l'assemblée des membres du bureau, chefs et sous-chefs, et donne sous forme de règlement la solution de diverses questions inscrites à l'ordre du jour. Un questeur fut nommé pour tenir la comptabilité et faire la perception des amendes. Dans la fixation du quantum de ces amendes, apparaît bien l'ardeur généreuse mais un peu inexpérimentée du conseil. Ainsi les absences non motivées des sociétaires aux assemblées du dimanche étaient taxées à dix centimes ; celles des dignitaires aux réunions du conseil à vingt-cinq centimes. C'était beaucoup pour l'époque, pour des ouvriers et pour une œuvre où le motif religieux était seul en jeu. On ne comprit point assez que le zèle ardent qui animait à cette heure la plupart des associés, pourrait se refroidir un peu, ou tout au moins avoir quelques intermittences, et qu'alors le payement d'amendes accumulées deviendrait une source de contestations et peut-être, pour plusieurs d'ailleurs bien méritants, une cause de rupture avec la société. Là où les intérêts matériels sont la raison d'être d'une corporation et le lien entre ses membres, une pénalité pécuniaire, pour les infractions au règlement, a presque toujours la vertu de rendre sage et fidèle ; mais les œuvres de zèle trouvent leur meilleure vitalité dans le zèle lui-même, et le secouement des âmes pour les réveiller de la torpeur ou de l'indifférence, leur vaut mieux que le secouement des bourses, pour en faire sortir quelques pièces de monnaie.

Après cette première décision, dont le conseil, dans son illusion généreuse, attendait les plus heureux effets, on dressa un formulaire de réception pour les nouveaux associés et on régla la forme à suivre pour l'installation des membres du bureau, chefs et sous-chefs. M. Collomb fut ensuite autorisé à s'adjoindre un sous-secrétaire, afin d'être remplacé en cas d'absence et allégé dans son travail de rédaction des procès-verbaux et de tenue de tous registres et écritures de la société. Son choix tomba sur M. Poncet, qui devait, après la nomination de M. Collomb comme président le 12 mai 1839, être proclamé secrétaire et en remplir les fonctions avec tant d'intelligence et de zèle, pendant de longues années.

M. Crozet, en repartant pour la Corse, ne voulut point rompre les liens qui l'avaient si étroitement uni à vous. Un procès-verbal [1] nous a conservé l'expression de ses profonds regrets et de son désir, auquel on s'empressa d'accéder, d'être considéré toujours comme membre de

---

[1] Procès-verbal du 30 juin 1839.

votre société. Aussi continua-t-il d'envoyer sa petite offrande pour subvenir aux frais de l'œuvre. Il n'a jamais manqué non plus, nous a-t-il affirmé, dans une visite qu'il faisait à votre cercle, l'année qui précéda sa mort, de dire chaque jour les prières que vous récitez aux assemblées du dimanche, pour les associés et les bienfaiteurs, vivants et défunts.

VI

NOMINATION DE M. L'ABBÉ CREVAT A LA CHARGE DE DIRECTEUR
SON ZÈLE, SON DÉVOUEMENT, SA CHARITÉ
UN TRAIT DE COURAGE

ONSIEUR l'abbé Crevat, prit en main, au mois de juillet 1839, la direction de votre société, déjà solidement assise. Il devait dans son esprit de foi, dans son ardeur d'apôtre, lui imprimer un nouvel essor.

Qui n'a connu le père Crevat, avec sa chevelure légèrement dégarnie et blanche comme la neige, avec ses traits anguleux, sa vieille figure parcheminée, son grand front sillonné de rides, son regard mobile ; inquiet et sombre, quand son esprit était hanté par quelque noir pressentiment ; rayonnant et épanoui, lorsqu'un événement heureux venait réjouir son âme ; le plus souvent jetant comme des reflets de sa bonté ou de sa foi vive et profonde ? On aurait dit, en le voyant, qu'il portait le poids d'un siècle tout entier et qu'il devait être un retardataire d'une époque déjà lointaine

M. l'Abbé CREVAT

et couchée dans la tombe. Mais, sous ces apparences de vieillesse séculaire, M. Crevat cachait un cœur très jeune, une âme ardente et une vigueur peu commune. Qui ne l'a vu, il y a quelques quinze ans, allant de la maison des Chartreux à la tour Pitra, et revenant de la tour Pitra à la maison des Chartreux, ou remontant le dimanche soir de la chapelle du Petit-Collège, après avoir consacré deux heures de chant et de parole à l'œuvre des Savoyards? Qui ne l'a surpris, s'arrêtant au milieu du chemin, prenant une pose dramatique, levant les bras au ciel, les croisant sur sa poitrine, ou les étendant devant lui dans un geste énergique ; conduisant sa voix par cascades, tantôt la retenant avec mystère, tantôt la faisant éclater comme une cymbale, et cela, pour raconter à son compagnon de route une histoire du bon vieux temps, très simple et peu faite pour les grands mouvements ? Parfois son imagination s'exaltait devant quelque vision de son enfance ou de sa jeunesse. Alors ses yeux semblaient entrevoir dans l'ombre des objets fantastiques et prenaient une fixité terrifiante. Il s'arrêtait brusquement ; son geste devenait plus saccadé ; son front se plissait ; puis sa parole sourde, comme si elle fût sortie des profondeurs d'un antre, épanchait en de sombres tableaux les terreurs qu'il avait ressenties, dans les diverses révolutions, dans ces jours troublés où il avait assisté à l'explosion des haines et des colères des partis ; où il avait suivi du regard le mouvement des flots houleux de l'émeute, l'élèvement rapide des barricades ; où il avait entendu le grondement du canon et le sifflement des balles dans les rues de la ville. Quelque tisseur de la Croix-Rousse, son rouleau sur l'épaule et allant au magasin pour rendre une pièce ou en rapporter une autre à l'atelier, venait-il à passer, la gymnastique effrénée de M. Crevat et ses éclats de voix ne provoquaient chez lui aucune surprise. « Bonjour, père Crevat », disait-il, d'une voix sympathique et en se découvrant ; puis il ajoutait tout bas et à part lui : « Quel brave homme ! » et continuait sa route.

M. Crevat avait de merveilleuses facultés d'enthousiasme et d'idéalisation. Aussi sa parole était vivante, nerveuse, pleine d'imprévu et d'images hardies, de comparaisons originales, parfois excentriques, toujours saisissantes. Il faisait volontiers des excursions dans les temps préhistoriques et traitait de vieilles connaissances les personnalités les plus lointaines, même celles qui n'ont eu d'existence que dans l'imagination de certains peuples. De l'ordre, de la méthode, une disposition habile, des pensées coordonnées avec art, il n'en fallait guère chercher dans ses discours. Mais les chauds accents, les cris de vérité, les élans de charité et de foi, voilà ce qui abondait et portait toujours dans les âmes quelque chose de la grâce divine, car c'est la foi vive et la charité ardente qui ouvrent les sources les plus abondantes de la fécondité pour la parole évangélique.

S'il reçut et porta de bonne heure sur son front les signes de la vieillesse, ces signes y furent imprimés par la fatigue et le travail ; c'étaient les nobles cicatrices de son zèle pour la gloire de Dieu et le salut des âmes. Aux travaux et aux préoccupations d'un ministère paroissial très absorbant, il ajoutait la direction de plusieurs œuvres importantes. Pour la vôtre, par exemple, quelle ne fut pas sa sollicitude ? Quelles marches et contre-marches ne s'imposa-t-il pas pour agrandir ses cadres et compléter son organisation ?

Que dire de sa charité? Elle lui tenait les mains en quelque sorte toujours ouvertes. Les œuvres diverses dont il était chargé et les pauvres absorbèrent non seulement les revenus d'une fortune patrimoniale assez considérable, mais finirent même par dévorer tout ce qu'il possédait. Il prenait bien de temps en temps la résolution de se montrer plus sévère à l'égard de certains pauvres, qui parfois abusaient de sa bonté; rarement il avait le courage d'aller jusqu'au bout de ses résolutions. S'il donna trop facilement, s'il eut pour maxime que la générosité ne diminue jamais la fortune, et si cette noble illusion le conduisit à la pauvreté, qui donc oserait lui en faire un crime?

Lorsqu'il lui arrivait de ne pouvoir accorder un secours matériel, jamais il ne refusait le don de sa bienveillance, de sa sympathie, de son cœur, ce don qui vaut mieux que tout trésor parce qu'il s'adresse à la partie la plus noble de notre être, à l'âme.

Un jour Pierre et Jean montaient au temple et ils s'apprêtaient à y entrer, lorsqu'un pauvre boiteux de naissance, s'adressant à eux, leur demanda l'aumône. Les deux apôtres, tout remplis de la charité de Jésus-Christ leur divin maître, jetèrent sur le malheureux un de ces regards dont l'expression compatissante dut aller jusqu'à son cœur. Et c'était tout ce qu'ils croyaient pouvoir donner, puisque Pierre répondit au boiteux : « Regarde nous, » comme s'il eut voulu lui faire comprendre qu'ils étaient aussi pauvres que lui. Mais ce regard compatissant et la parole qui venait d'être prononcée, où vibrait l'accent d'une profonde sympathie et d'un regret sincère de ne pouvoir accorder quelque secours, ne firent qu'accroître les espérances de l'infirme.

Il resta dans son attitude humiliée et pleine de supplications. Tout cela n'était propre qu'à émouvoir davantage le cœur de saint Pierre. Aussi se ravisant tout à coup, et prenant sur lui de faire appel à la puissance de son maître, pour exercer la charité : « Je n'ai ni or ni argent, dit-il, mais ce que j'ai, je te le donne. Au nom de Jésus-Christ de Naza_ reth, lève-toi et marche » [1]. C'était une charité vraiment divine et telle qu'elle est rarement au pouvoir d'un homme.

Mais lorsque dans notre main, il n'y a ni or ni argent, pour secourir les malheureux, et que nous ne pouvons y mettre, comme saint Pierre, la puissance qui opère des miracles, il nous est toujours possible d'y faire passer une de ces étreintes où le cœur descend tout entier, avec ses sympathies, avec sa compassion si bienfaisante à la souffrance et à la douleur. Il nous est toujours possible de donner à notre regard cette expression de bienveillance dont le charme est si doux pour celui qui souffre. Il nous est toujours possible de faire arriver du cœur à nos lèvres, sinon la parole qui commande aux éléments, au moins celle qui fait naître, dans les âmes endolories ou brisées, l'espérance chrétienne, cette noble espérance dont la vertu toujours victorieuse détourne les regards du malheureux de sa triste misère pour les fixer au ciel sur celui qui ne laisse sans récompense et sans soulagement aucune de nos peines, qui leur donne d'être comme l'achèvement de la passion du Christ en nous : *Adimpleo in carne mea quæ desunt passio- num Christi.*

Telle fut pour M. Crevat la seconde manière d'exercer

____

[1] *Actes des apôtres*, ch. III, 1, 8.

la charité. Fasse qui pourra le dénombrement des âmes raffermies, consolées, sauvées par ce double courant d'aumônes spirituelles et pécuniaires, qui coula pendant près de quarante ans de ses mains et de son cœur sur la paroisse des Chartreux. Quelques pauvres peut-être ont mangé le pain de sa charité sans reconnaissance, mais ce n'a jamais été probablement sans appétit. Cela suffit devant Dieu.

Cependant, il faut bien le reconnaître, la charité et la bonté laissent toujours après elles je ne sais quoi qui imprime dans le cœur même des plus indifférents et des plus ingrats un certain respect, leur impose l'estime et quelquefois la vénération. On le vit bien en 1870, en ce jour de triste mémoire ou quelques gardes nationaux dévoyés conduisirent le commandant Arnaud sur la place du Clos-Jouve, pour le fusiller. Leur vengeance venait d'être assouvie; le commandant était par terre, baignant dans son sang. Il y avait là des hommes et des femmes comme on n'en rencontre qu'aux jours d'émeute, faisant cercle autour du cadavre et applaudissant à cette exécution. Le père Crevat vient à passer, et croyant à quelque accident, il s'approche, pour offrir s'il y a lieu, le secours de son ministère. A la vue de ce vieillard vénérable, que tous connaissent, au moins pour l'avoir vu passer dans les rues de la Croix-Rousse, il se fait un profond silence et la foule ouvre ses rangs. Le père Crevat s'avance vers le commandant, se penche sur lui pour s'assurer s'il respire encore, et voyant qu'il a cessé de vivre, il se redresse majestueusement et avec l'accent d'une foi profonde : « Puisque vous l'avez tué, dit-il à cette foule tout étonnée du courage du vieux prêtre et du respect dont elle se sent, malgré elle, pénétrée pour lui, puisque vous l'avez tué sans appeler un prêtre afin de le préparer à bien mourir, mettez-vous à genoux et dites au moins un *Pater*, un *Ave* et un *De profundis* pour le repos de son âme. » Puis il s'agenouille et, la tête inclinée, les mains jointes, commence à haute voix la récitation des prières. Quelques-uns peut-être jettent sur lui un mauvais regard, mais aucune parole de colère ou de mépris ne se fait entendre. Presque tous se découvrent, plusieurs s'agenouillent aussi et essaient même de répondre aux prières qu'il fait. Et quand tout est terminé, il se retire, laissant cette populace sous le coup d'une émotion profonde. Tant il est vrai que la charité et la bonté de cœur, partout où elles se présentent, font tomber les armes des mains à la perversité humaine. Tant il est vrai aussi que l'idée de Dieu ou de l'éternité, quand elle est jetée brusquement sur le théâtre d'un crime, au milieu des malfaiteurs et de leurs complices, presque toujours fait courir, dans les cœurs et les membres même des plus endurcis, un frisson d'épouvante et d'horreur. Parfois c'est un saisissement tel, qu'il détermine aussitôt un premier mouvement de la volonté vers la conversion. C'est que l'âme surprise par la soudaineté n'a point le temps de se mettre sur la défensive, de s'enfoncer dans ses ténèbres ou de se retrancher derrière ses passions, avant de recevoir le coup qui la frappe jusque dans cette partie qui est naturellement chrétienne.

Hélas! l'impression si bonne et si salutaire, produite par l'apparition subite et inattendue du père Crevat et la parole pleine de foi qu'il fit entendre, devait bientôt disparaître. Trois jours après, le spectacle des obsèques purement civiles qu'on fit au commandant Arnaud, était bien propre à l'effacer et à remuer dans les âmes des ouvriers pervertis et dans le cœur de la plèbe, le flot des mauvaises passions. Qui oserait affirmer que ces funérailles sinistres, dont toute la pompe ne pouvait cacher le matérialisme répugnant, la signification décevante et cruelle, ne furent pas la plus efficace leçon donnée à la tourbe révolutionnaire, pour préparer le 30 avril suivant, qui mit en feu la Guillotière?

Quoi qu'il en soit, ce respect dont fut entouré le père Crevat et cette sorte de terreur qu'il répandit autour de lui, restent la preuve irrécusable que sa charité et son dévouement étaient connus de tous et qu'il apparaissait au milieu de cette foule repue de vengeance et de sang comme un reproche vivant à sa perversité.

VII

DÉCISIONS DIVERSES. — INONDATION DE 1840

A première assemblée, présidée par M. Crevat, comme directeur, fut celle du 4 août 1839. Dès ce moment il se mit à l'étude de l'esprit de votre œuvre, de son règlement et des moyens propres à continuer le bien commencé et à l'agrandir encore.

Dans le conseil du 8 octobre, il fit adopter la résolution de conserver comme associés, afin que le trésor des bénéfices spirituels de l'œuvre leur restât ouvert, tous les membres qui, pour des raisons d'éloignement ou de fonctions à remplir dans d'autres paroisses, ne pourraient plus assister régulièrement aux assemblées du dimanche, pourvu qu'ils fassent acte de présence trois ou quatre fois dans l'année. Il fit décider en outre que le président serait désormais assisté d'un vice-président, choisi à son gré, après avis favorable du directeur. Le bureau se trouva donc constitué de la manière suivante : 1° Le Père directeur, grand dignitaire de la Société; 2° le président; 3° le vice-président; 4° le trésorier; 5° le secrétaire; 6° le premier zélateur avec la fonction d'infirmier; 7° le second zélateur avec la charge de sacristain; 8° deux autres conseillers.

Pendant les quinze premières années, c'est-à-dire jusqu'à la fin de 1838, la mort avait fait à peine une ou deux apparitions dans les rangs de votre société. En 1839 elle frappa plusieurs coups et quatre associés devinrent ses victimes. M. Crevat porta alors devant le conseil une question qui n'avait pas reçu encore de solution définitive, ou du moins dont la solution, si elle avait été donnée, n'était point inscrite dans les procès-verbaux en forme de règlement : la question des funérailles et du service religieux pour les associés et bienfaiteurs défunts. Il fut décidé dans l'assemblée du 27 octobre 1839 : 1° que tous les membres actifs et même les postulants seraient invités par lettre de faire part ou autrement selon les circonstances, à assister aux funérailles d'un confrère défunt ou d'un bienfaiteur; 2° qu'une messe de *Requiem* serait dite quelques jours après et qu'aux réunions des quatre dimanches suivants on réciterait cinq *Pater*, cinq *Ave* et le *De profundis* pour le repos de son âme; 3° qu'un service solennel serait célébré chaque année pour les associés et bienfaiteurs défunts. Cette décision fut inscrite dans le règlement. Depuis cette époque vous n'avez laissé se produire aucune dérogation à une disposition si sage et si chrétienne.

Dans l'assemblée du 8 novembre 1840, il fut longuement question des ravages produits par l'inondation. Une crue simultanée du Rhône et de la Saône les avaient fait sortir de leur lit et envahir toute la ville. Pendant plus de vingt jours la circulation dans les rues ne fut guère possible autrement que dans des barques. Beaucoup de maisons, surtout des faubourgs, trop peu solides pour résister à la poussée des flots, s'effondrèrent, laissant des familles entières sans abri et sans ressources. Plusieurs de ces familles, surprises par le soudain envahissement des eaux, eussent même infailliblement péri sans les prompts secours qui leur furent portés par des hommes dévoués et courageux. Le clergé n'oublia point, en cette douloureuse circonstance, que l'initiative du dévouement et de la charité était un de ses devoirs. Aussi vit-on Mgr de Bonald ouvrir son palais pour y donner l'hospitalité à un grand nombre de ceux qui étaient sans asile ; et M. le curé de Saint-Nizier passer des journées entières à parcourir, dans une barque, les rues de sa paroisse, pour distribuer aux malheureux du pain, des vêtements et de bonnes paroles.

Votre société ne resta point étrangère au mouvement généreux qui se produisit alors, comme il se produit toujours à Lyon, chaque fois qu'un fléau fait son apparition dans nos murs ou qu'une grande misère sollicite la commisération chrétienne. Quelques-uns même de vos associés prirent une part active dans plusieurs sauvetages. Il est regrettable que les procès-verbaux ne nous aient point conservé leurs noms.

L'assemblée du 13 décembre, après mur examen, adopta, comme réglementaires, diverses propositions inscrites plusieurs fois déjà à son ordre du jour et qui n'avaient point reçu de solution. Il fut statué : 1° qu'on procéderait désormais par quart au renouvellement des chefs de division et qu'ils seraient indéfiniment rééligibles ; 2° que les élections au-

raient lieu chaque année le premier dimanche de décembre
et l'installation des nouveaux élus, le second; 3° qu'en
dehors du temps régulier des élections, le bureau pour-
voirait lui-même au remplacement des conseillers et chefs
démissionnaires, mais seulement pour le temps que ceux-ci
auraient à rester en charge ; 4° que chaque année, vers la fin
de novembre, les noms des candidats choisis par le bureau
pour les fonctions à pourvoir de titulaires, seraient présentés
à l'acceptation des chefs de division. mais que cette liste,
préparée dans le but unique d'éclairer l'opinion et de faire
connaître l'avis du conseil, ne serait point une liste fermée
à toute autre candidature, et que les électeurs conserveraient la liberté pleine et entière d'inscrire sur leur bul-
letin de vote un sociétaire quelconque qui aurait leurs préférences. Dans cette même assemblée, les chefs de division
furent répartis en quatre séries et le sort désigna l'année de
réélection pour chacune d'elles.

Le dimanche suivant, 20 décembre, les chefs de la première série sortante qui devait être soumise à l'élection ce
jour-là, donnèrent leur démission avec une unanimité et un
désintéressement dignes d'éloge. Lorsque le vote fut terminé, l'assemblée statua: 1° que le bureau serait renommé
en entier tous les quatre ans; 2° qu'il serait formé une
division d'anciens dignitaires pour être les pères spirituels
de la société, les gardiens fidèles des traditions et comme
un sénat à consulter dans les graves circonstances.

VIII

AFFILIATION A LA CONGRÉGATION PRIMO-PRIMAIRE DU COLLÈGE ROMAIN
LETTRE D'ENCOURAGEMENT DE MONSEIGNEUR DE BONALD. — ESPRIT DE PIÉTÉ
ORGANISATION DES JEUX
A LA CAMPAGNE DE MM. LES MISSIONNAIRES

OTRE société, qui avait été érigée en confrérie sous le vocable de la Reine du ciel et des neuf chœurs des anges, fut affiliée à la Congrégation primo-primaire du collège romain par un bref portant la date du 22 août 1840 et reçu dans le mois de septembre à l'archevêché de Lyon. Ce bref, après avoir été revêtu du *visa* de l'ordinaire, fut remis le 21 novembre de la même année entre les mains du directeur. Il était accompagné d'une lettre de Mgr de Bonald, encourageant M. Crevat à donner tous ses soins à une œuvre, qui avait su conserver jusqu'à ce jour dans le bien un grand nombre de jeunes gens et dont il espérait pour l'avenir les plus heureux résultats.

Avec un surcroît d'indulgences et de privilèges spirituels qu'apportait avec elle l'affiliation, votre société reçut donc le bienfait de la bénédiction apostolique et les encouragements du premier pasteur du diocèse. Tout cela devait favoriser l'accroissement du zèle dans les âmes.

L'esprit de piété qui se développa sous cette influence bénie et devint le souverain régulateur des pensées et des actes de votre œuvre, se révèle dans une mesure dont l'initiative ne fut prise ni par le directeur, ni par le conseil. A la fin du carême de 1841, quarante-cinq à cinquante membres se concertèrent entre eux pour qu'il y eût au moins deux adorateurs, représentant votre société et se relevant d'heure en heure aux pieds des autels, depuis l'office du jeudi saint jusqu'au lendemain après la messe des présanctifiés. Cette pratique pieuse ne s'est point conservée dans son intégrité. Cependant, aujourd'hui encore, plusieurs d'entre vous s'imposent le devoir d'assister à l'heure sainte et tous celui de faire quelques visites au saint sacrement et de prendre part à la retraite préparatoire à la communion pascale.

Cet esprit de piété, cette union des cœurs dans les mêmes sentiments et les mêmes pratiques religieuses, ne manquèrent pas d'attirer sur votre œuvre la bénédiction de Dieu, de lui concilier toutes les sympathies des hommes de bien et d'être pour la jeunesse un puissant attrait, tant est vraie pour les sociétés comme pour les individus la parole de l'apôtre saint Paul : *Pietas ad omnia utilis est, promissionem habens vitæ quæ nunc est et futuræ :* la piété est utile à tout ; elle a des promesses pour la vie présente et pour la vie future.

Aussi les jeunes gens de la ville de Lyon, ne trouvant pas établie dans leur paroisse une association semblable, venaient nombreux le dimanche aux Chartreux, chercher un exemple d'édification, nourrir leur âme de la parole vibrante de foi et de charité du zélé directeur, la fortifier par les sages conseils et les entretiens de l'amitié chrétienne.

Cependant les œuvres de piété, les soins qu'il donnait aux âmes ne firent point oublier à M. Crevat un point essentiel dans une société comme la vôtre. Une de ses préoccupations fut de trouver un local et d'y organiser des jeux pour que la soirée du dimanche, en été, se passât d'une façon agréable et utile pour tous. Il eut raison.

C'est le besoin des jeunes gens, c'est le vœu légitime de leur nature, de jouer, de s'amuser, de se délasser, de dépenser en plaisirs innocents l'exubérance de leur sève, la vivacité de leur humeur, l'ardeur de leur sang. La libre expansion, l'épanouissement de leur être, l'assouplissement de leurs membres par l'exercice, le développement de leurs forces, de leur adresse, l'air, le soleil, le mouvement, voilà ce que réclame impérieusement pour eux la santé du corps.

Tout cela aussi est nécessaire pour entretenir et développer la gaieté. Or, qui ne sait que la gaieté est un puissant cordial dans la vie? Un joyeux éclat de rire, mais c'est comme un rayon de soleil qui dissipe les brumes, ou comme une bouffée d'air pur qui dilate et fortifie les poumons, ou comme un flot de bon vin qui fait chanter le cœur de la jeunesse et met en liesse celui des vieillards. On cite d'illustres personnages historiques qui n'auraient pas été peut-être d'aussi grands hommes s'ils n'avaient pas été d'aussi grands rieurs. Henri IV, par exemple, aurait-il pu conduire à bien tant de choses qu'il entreprit, s'il n'avait eu à son service sa bonne et franche gaieté? Que de fois, en voyant les avaries de son pourpoint, en comptant les embûches de ses ennemis et les trahisons de ses amis, en sondant la profondeur de l'abîme où s'engouffraient ses finances, que de fois le Béarnais se sentit près du désespoir! Mais tout à coup jaillissait de ses lèvres une saillie qui dissipait le nuage, chassait les craintes et les soucis dans un joyeux éclat de rire. — On demandait un jour à M. de Lesseps quelle force l'avait soutenu à travers toutes les épreuves, les déceptions, les hostilités qu'on avait accumulées sur sa route : « Ma gaieté, répondit-il; j'ai dompté les hommes et les choses en leur faisant toujours bonne figure. » Et puis, quand on a bien ri, d'un bon rire franc et honnête, quand on a bien joué dans ses vingt ans, il en reste presque toujours quelque chose à soixante, et cela aide à les porter.

Il y a plus et mieux encore que cela dans le jeu. Non-seulement il peut être regardé comme synonyme de santé et de gaieté pour la jeunesse, mais il me semble qu'il tient une place importante dans l'œuvre de sa sanctification. En effet, quand les âmes ont été dilatées dans d'innocentes ivresses, quand les cœurs ont palpité sous le tressaillement d'un plaisir pur, d'un enthousiasme sans danger, toutes leurs avenues sont désormais ouvertes aux impressions vives, aux persuasions de la parole, à la docilité, à l'affection, au dévouement, à la reconnaissance. L'action sacerdotale est alors toute puissante.

C'était donc faire une œuvre intelligente et bonne que de

procurer aux membres de votre société des délassements honnêtes. C'était les éloigner des plaisirs dangereux ou défendus et leur en donner le dégoût. Il n'y a guère, pour aimer les fruits verts et malfaisants, que ceux à qui on refuse les fruits murs et savoureux.

Les tentatives de M. Crevat furent couronnées d'un plein succès.

Le dimanche 23 mai 1841, après le chant des cantiques et l'instruction, élevant la voix jusqu'à ce ton peut-être un peu déclamatoire, mais solennel et imposant qu'il prenait dans les grandes occasions, il annonce que M. le supérieur Bissardon lui a accordé la permission d'ouvrir à la société, pour s'y promener et y organiser des jeux, la campagne de MM. les Missionnaires. Ces paroles provoquent tout aussitôt une enthousiaste explosion de joie et de sentiments de reconnaissance. Vite on récite les prières d'usage qui doivent terminer la cérémonie. On y répond avec entrain, mais probablement pour cette fois sans attention, car tous les esprits, dès l'annonce de la bonne nouvelle, s'étaient mis en mouvement et couraient déjà à bride abattue dans la rue de l'Enfance ou préparaient les plans de quelque chaude partie.

La première préoccupation du conseil fut de s'assembler sous les gros marronniers, dont les longues branches au feuillage touffu, s'étendent comme une vaste tente verte à l'entrée de l'enclos. Il fit, au pas de course, un petit règlement, nomma un maître des jeux, un surveillant général, puis se mit à donner l'exemple de l'entrain et à dépenser son ardeur soit aux parties de barres, soit aux parties de boules.

M. Crevat, dans ces soirées du dimanche, comprenait son rôle à merveille et se montrait jeune jusqu'au bout des ongles. Sans doute il était de caractère à rationner les appétits désordonnés d'expansion par trop légère et à les contraindre à la modération, mais il savait aussi se rappeler et mettre en pratique cette règle si sage donnée par Montaigne, dans son admirable chapitre de l'éducation : « Laissons trotter devant nous le jeune esprit. » Eh bien ! il laissait trotter devant lui non seulement le jeune esprit, mais le jeune caractère, mais l'entrain, mais la belle humeur, mais la gaieté bruyante. Volontiers même il ouvrait la marche. On ne mesurait à personne, comme dit le proverbe, ni le vent, ni la pluie ; c'est-à-dire qu'on pouvait tout à son aise, se baigner dans l'air embaumé ou dans les chauds rayons du soleil, parcourir à grandes enjambées la campagne, la remplir de mouvements, de joyeuses appellations et de cris.

M. Crevat savait au besoin relever sa soutane et lutter comme les plus jeunes, au jeu de barres, pour délivrer ou faire un prisonnier. A la chapelle il prodiguait son ardeur et sa foi à l'éducation des âmes, à la campagne il dépensait ses forces et ses encouragements à l'éducation des bras et des jambes.

Oh ! quels gracieux et réconfortants souvenirs vos anciens conservent de ces ardentes parties de boules, où l'on combattait sans trêve ni répit jusqu'à ce que les dernières lueurs du soir eussent disparu ; et de ces luttes enragées du jeu de barres, où l'on courait à perdre haleine, trois ou quatre heures de suite ! Comme on se sentait vivre ! Comme le sang se précipitait à flots pressés et joyeux dans les veines! Comme l'être tout entier s'épanouissait dans la joie, dans ce

> ..... gros rire,
> Gonflé de gaîté franche et de bonne satire,
> Ce rire d'autrefois, ce rire des aïeux,
> Qui jaillissait du cœur comme un flot de vin vieux [1].

Quels bons traités de libre échange se concluaient là, non pour troquer des marchandises matérielles, mais les produits supérieurs de l'âme, la sympathie, la bienveillance, l'amitié!

Cette campagne vous fut ouverte tous les dimanches d'été jusqu'à la révolution de 1848, et l'hospitalité bienveillante qui vous y était offerte ne reçut l'atteinte d'aucune indiscrétion. J'ai parcouru d'un regard attentif tous les procès-verbaux et toutes les archives, pour recueillir les observations et les réprimandes, que des étourderies de jeunesse auraient pu provoquer de la part de votre conseil et surtout de la part de M. le directeur et du surveillant général. Or, je n'ai trouvé trace ni d'une plainte ni même d'un mot qui donne à soupçonner qu'une seule légèreté ait été commise. L'entrain, les assauts de joyeux propos, les rires bruyants, les éclats de joie, les cris, les gambades, les sauts de carpe à démancher tous les membres n'y manquèrent pas. Plusieurs associés peut-être, soit dans les luttes à la course, soit au jeu de barres, y laboulèrent le sol de leurs genoux ou de leurs mains. Des jambes attardées sur les champs de combat et heurtées de coups de boule

[1] Auguste Barbier.

y reçurent probablement quelques légères meurtrissures. Certains vêtements y furent mis à de rudes épreuves et les mères, obligées de réparer les avaries, durent maugréer contre les imprudences de leurs fils trop ardents au jeu, tout en bénissant votre société de les préserver des déchirures morales; mais aucune main indiscrète ne se porta jamais sur quoi que ce soit de la propriété. Je suis heureux de consigner ici ce fait qui, à lui seul, prouve mieux qu'un long panégyrique, le savoir-vivre et la délicatesse de vos anciens.

MÉDAILLE DONNÉE A CHAQUE SOCIÉTAIRE AU JOUR DE SA RÉCEPTION DANS LA CONFRÉRIE DE LA REINE DU CIEL ET DES NEUF CHŒURS DES ANGES

IX

ENVOI DE RELIQUES PAR MONSEIGNEUR RETORD
INAUGURATION DES SOIRÉES MUSICALES, DRAMATIQUES
ET AMUSANTES

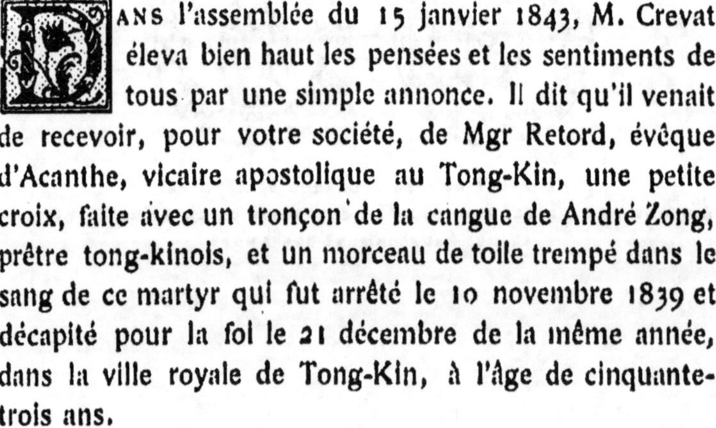

ANS l'assemblée du 15 janvier 1843, M. Crevat éleva bien haut les pensées et les sentiments de tous par une simple annonce. Il dit qu'il venait de recevoir, pour votre société, de Mgr Retord, évêque d'Acanthe, vicaire apostolique au Tong-Kin, une petite croix, faite avec un tronçon de la cangue de André Zong, prêtre tong-kinois, et un morceau de toile trempé dans le sang de ce martyr qui fut arrêté le 10 novembre 1839 et décapité pour la foi le 21 décembre de la même année, dans la ville royale de Tong-Kin, à l'âge de cinquante-trois ans.

On comprend l'émotion de vos associés et le mouvement d'ascension religieuse qui se fit dans leurs âmes. Car s'il y a de la force et de l'éloquence dans la parole humaine, lorsqu'elle procède d'une conviction inébranlable et qu'elle se charge de la chaleur communicative du cœur, il y a une force plus grande et une éloquence plus victorieuse encore, dans cette affirmation sublime de la foi qui se fait par l'effusion du sang, dans ce témoignage d'amour qu'on donne à Dieu, en affrontant la mort, pour lui rester fidèle.

On comprend aussi les espérances chrétiennes, que cette annonce fit concevoir à vos associés. Sans doute, ils ne purent guère entrevoir, à ce moment, l'avenir politique du Tong-Kin, mais il leur fut facile de deviner son avenir religieux. Le sang des martyrs n'a pas cessé d'être une semence de chrétiens, et partout où il est versé, il faut que cette semence, sous l'action bienfaisante de la rosée, de la chaleur et de la lumière, qui s'échappent de la grâce divine, germe, sorte de terre et s'élève en une église florissante. Car on n'arrête pas plus, dans leurs cours, les lois de la grâce que celles de la nature. Empêchez donc une terre trempée par les pluies d'en haut, réchauffée par les rayons du soleil et toute baignée dans sa bienfaisante lumière, d'être féconde. Empêchez-là donc de donner au fruit du chêne, quand il est jeté dans son sein, une taille gigantesque, de lui former une puissante ramure, de le couronner d'un verdoyant feuillage et d'en faire le roi de nos forêts.

De même, partout où la hache des bourreaux, la dent des bêtes féroces dans les arènes et tous les autres instruments de supplice inventés par la rage des persécuteurs, ont fait couler plus abondamment le sang chrétien, les racines de l'Église catholique sont plus fortes, plus profondément enfoncées dans les âmes ; sa poussée y est plus

vigoureuse et les anges du ciel y sont plus occupés à recueillir la riche moisson qu'elle fait mûrir et renouvelle sans
cesse pour les greniers éternels.

Quant à l'avenir politique de ce pays, il vous est donné
à vous de pouvoir augurer presque avec certitude qu'il
sera entre les mains de la France. Plusieurs de nos prêtres,
parmi lesquels deux appartiennent au diocèse de Lyon, ont,
en quelque sorte, acheté de leur sang, pour la mère patrie,
cet immense territoire. La croix et le drapeau de la France
semblent donc devoir être les deux étendards qui abrite-
ront désormais au Tong-Kin la civilisation, la prospérité
religieuse et matérielle.

Le 25 novembre 1843, dans la maison des frères Coindre,
qui est aujourd'hui l'internat des Frères du Sacré-Cœur, il
y eut, pour votre société, par un petit spectacle de lanterne
magique, quelques morceaux de débit et deux ou trois
chansonnettes, comme l'inauguration anticipée de ces
soirées dramatiques, musicales et amusantes, où votre société chorale devait plus tard, vers 1865, commencer à
recueillir les chaleureux applaudissements d'un public qui
n'a pas cessé de lui être sympathique.

Une fois la voie ouverte à ces sortes de distractions,
votre société s'y engagea résolument, et toutes les œuvres
de jeunesse qui se sont multipliées à Lyon, surtout depuis
1870, n'ont pas manqué d'y entrer à sa suite.

X

PROSPÉRITÉ DE L'ŒUVRE. — GOUVERNEMENT DE M. L'ABBÉ CREVAT

URANT la première période décennale de l'administration de M. Crevat, c'est-à-dire de 1839 à 1848, votre œuvre eut une poussée vigoureuse. La sève qui circulait déjà si abondante et si forte en elle, se chargea de nouveaux germes de vie. Elle s'épanouit tout d'abord en une belle et riche couronne de jeunes gens, dont le nombre, d'après les registres de 1845, s'éleva à plus de trois cents. Aussi la chapelle de la Confrérie était devenue insuffisante, au point qu'on agita, dans les conseils, la question de son agrandissement. Les difficultés insurmontables, auxquelles le projet venait se heurter, ne permirent pas de lui donner suite.

Mais ce qui vaut mieux peut-être que cette luxuriante floraison, c'est que ces dix années donnèrent au règlement sa dernière consécration et le firent entrer si bien dans le mouvement et les habitudes de votre société, que dès lors il revêtit, aux yeux de tous, le caractère sacré d'une institution fondée par la sagesse et l'expérience et à laquelle on ne pourrait désormais toucher sans être téméraire.

Les questions d'organisation, de conduite et de commandement ne sont pas d'une médiocre importance. Tant que la maturité n'est pas arrivée pour elles et qu'elles n'ont point reçu de l'étude et de l'expérience une solution définitive, il y a quelque incertitude, quelque hésitation dans la marche d'une œuvre. Mais lorsqu'elles en viennent à n'être plus discutées, à s'imposer à tous avec une suprême autorité, elles permettent alors de déployer tous les moyens, d'utiliser toutes les ressources et de n'égarer aucune force loin du but qu'on veut atteindre. Une constitution, devant laquelle on s'incline dans le respect et l'obéissance, vaut mieux que les meilleurs élans de zèle, les efforts les plus généreux, qui trop souvent sont entrecoupés d'intermittences et de temps d'arrêt; tandis qu'elle produit une sorte de mouvement continu, que la moindre impulsion suffit à entretenir.

Et pour mettre l'ordre dans les travaux d'une société, la discipline dans ses rangs, l'union dans les cœurs, sa puissance est bien supérieure à celle d'un homme, quel qu'il soit, parce qu'on peut toujours craindre de sa part quelque faiblesse d'intelligence, de cœur ou de volonté et que son autorité en est fatalement amoindrie, quand elle n'en reçoit pas une grave atteinte. Une constitution, au contraire, apparaît aux yeux de tous, avec le caractère sacré de la justice, de l'impartialité et de la sagesse. Ses commandements n'ont d'autre règle et d'autre motif que l'intérêt général. Voilà le grand bienfait de cette période; bienfait durable et dont les fruits ne se cueillent pas seulement un jour, mais sont, depuis de longues années, l'aliment le plus substantiel et le plus fortifiant de votre œuvre.

Une autre observation qui découle de la lecture des nombreux et interminables procès-verbaux, où sont consignés tous les actes de votre administration et toutes les paroles du père Crevat, c'est que le vrai zèle, celui qui recherche, non pas des satisfactions d'amour-propre, mais la gloire de Dieu et le salut des âmes, est le premier comme le meilleur principe de gouvernement pour une société religieuse. Les paroles qu'il met sur les lèvres, les résolutions qu'il inspire, les actes dont il encourage l'exécution, sont presque toujours marqués au coin de la prudence et de la sagesse.

Ce zèle donnait au père Crevat comme l'instinct d'une direction simple, sans apprêt, mais habile et en parfaite harmonie avec la nature humaine. Voici en deux mots quelle était, comme on dirait aujourd'hui, sa politique.

Il faisait pleuvoir sur vos assemblées générales et surtout sur votre conseil, les encouragements, les exhortations, les avertissements et les ordres, indiquant les grandes sources de la vraie piété, signalant les besoins, stimulant les efforts, louant les succès et entretenant sur tous les points une pieuse émulation. Mais en même temps il prenait bien garde de ne pas retenir pour lui seul tous les pouvoirs. Sans doute il resta toujours le dépositaire officiel de l'autorité, celui qui donnait l'investiture solennelle pour les différentes charges à ceux que le vote lui désignait, en un mot la tête de votre société, ou plutôt le cœur, d'où toute vie procède et où toute vie vient se renouveler ; toutefois il n'oublia jamais ce principe qui avait présidé à votre organisation : « Donner à un grand nombre une part d'influence et d'autorité » et il s'en montra respectueux jusqu'au scrupule.

Aussi, quand une vacance venait à se produire dans quelque fonction, même d'une importance secondaire, il s'empressait de convoquer son conseil ou l'assemblée des électeurs pour y pourvoir : « Ne voulant, disait-il, priver la société d'aucune des influences qui devaient s'exercer sur elle. »

De plus, les charges lui apparaissaient comme un moyen puissant de développer le sentiment de la responsabilité et l'émulation. Dans une société comme la vôtre, l'exercice d'une fonction met en quelque sorte celui qui en est investi, hors de tutelle et le place en face de sa conscience. Elle devient le premier et le plus fort moteur de ses actes ; mais elle lui montre en même temps le respect du règlement, le maintien de l'ordre avec son empire régulateur et sa force unifiante, la subordination à la hiérarchie établie, le travail de propagande, le bon exemple dans l'accomplissement de tous les devoirs, comme des conditions nécessaires pour répondre dignement au témoignage d'estime et de confiance qu'il a reçu de ses confrères par le vote et pour appliquer, sans conteste, ses droits d'ingérence dans la direction générale et la surveillance des intérêts particuliers qui lui sont confiés.

Chacun des dignitaires comprend d'emblée, qu'il porte, sinon tout le poids, au moins une partie de l'honneur et de la prospérité de l'œuvre ; et d'instinct il a à cœur de ne point dégénérer de ses devanciers et de faire aussi bien que ses confrères dans l'administration. Et si au poste, dont on a reçu la garde, se rattachent de vieilles traditions, on met son honneur à les défendre, à les soustraire aux atteintes de l'esprit d'innovation, pour en transmettre intact le dépôt à ses successeurs.

Qui ne voit tout le bénéfice moral qu'un dignitaire retire, même à son insu, de l'exercice de sa charge? C'est d'abord pour lui un surcroît d'occupations et de préoccupations, qui deviennent l'aliment de ses loisirs et une sauvegarde contre leurs dangers. C'est ensuite toute une longue série d'efforts qu'il doit imposer à sa volonté et dont la conséquence nécessaire est de l'habituer au bien, de l'y attacher davantage et de donner une plus grande virilité à son caractère.

Il serait difficile d'avoir une mesure exacte du bien produit, depuis l'origine de votre société, parmi les dignitaires, par l'exercice même de leur charge; mais on peut dire, sans crainte d'erreur, que la récolte a été abondante, à toutes les époques de votre vie, puisque les procès-verbaux ne mentionnent aucune défaillance, aucun acte d'insubordination ou de négligence coupable, dans l'accomplissement des devoirs imposés par les divers emplois. Il n'y est jamais question de rigueurs à exercer, ni de blâmes à infliger. Il n'y est pas même parlé de gronderies paternelles à faire entendre pour quelque léger oubli. Au contraire, autour de chaque fonction, sont venues se grouper des traditions de respect, de zèle, de dévouement, qui lui forment une couronne impérissable d'honneur.

C'était donc, de la part de M. Crevat, acte de haute sagesse et de bonne administration que de veiller attentivement à ce qu'aucune vacance ne se prolongeât dans les différents emplois, à ce que son corps d'officiers fût toujours au complet.

Lorsque les séances des réunions électorales étaient ouvertes, tout s'y passait selon les termes mêmes du règlement, et je ne sache pas que là, comme ailleurs, on ait jamais surpris le père Crevat à laisser entrer l'arbitraire dans les décisions. Toutes les assemblées générales du Conseil et celles du Bureau conservèrent, jusqu'à la fin de sa présidence, un caractère de respect profond pour le règlement et pour la liberté de discussion. Dans ses rapports particuliers avec les membres de votre Société et dans leurs rapports entre eux, il faisait volontiers et encourageait tous les sacrifices qui étaient de légitimes concessions à la paix, à la bonne harmonie, ou qui devenaient le support bienveillant et chrétien des défauts, des travers de caractère, de la légèreté ; mais il ne fallait pas lui parler des sacrifices qui auraient été une défaillance dans la foi, le devoir, le respect pour le règlement et les traditions, ou une soumission à l'esprit d'insubordination, de nouveauté et de caprice. Pour ceux-là, il ne savait ni les autoriser, ni les comprendre et il avait bientôt fait de mettre une bride à la liberté, pour prévenir ses écarts et l'empêcher de dégénérer en licence. C'était donner la preuve qu'il possédait à un haut degré le sentiment de la paternité morale et de la dignité chrétienne.

Mais s'il sentait fortement que sur lui retombait la première responsabilité des actes de votre administration, il savait bien et disait souvent qu'il n'en portait point tout le poids. Et chaque fois qu'il en trouvait l'occasion, il ne manquait jamais, soit par ses paroles, soit par des témoignages de confiance, de rehausser l'importance et la noblesse du ministère de ceux qui remplissaient quelque charge, et d'élever bien haut leurs services. C'était sur eux qu'il faisait fond pour répandre, dans votre Société tout entière et même en dehors de ses rangs, les sentiments qui remplissaient son cœur : la foi, l'amour de la vertu, de Jésus-Christ et de son Église.

Tous les dignitaires, même ceux des fonctions les plus humbles, avaient leur part dans son respect, ses sollicitudes et ses attentions délicates. Lorsqu'ils avaient su donner une légitime et féconde expansion à leur zèle, il ne manquait pas de leur faire arriver un juste tribut d'éloges. Si au contraire le succès semblait rebelle à leurs efforts, c'était une bonne parole de patience chrétienne et d'espérance qu'il tirait alors de son cœur, pour prévenir tout découragement.

Le bon sens pratique, l'intelligence des meilleurs moyens de direction pour une œuvre, la délicatesse des manières et des procédés, le savoir-faire, le dévouement et ses formes multiples, ne sont point l'apanage exclusif des patriciens et des lettrés. Grâce au ciel, il n'y a pas de monopole dans toutes ces choses. Celui qui enseigne à l'oiseau à voler, au fruit à mûrir, qui verse l'amour dans le cœur de la mère et la charité évangélique dans celui de l'apôtre, ne regarde ni à la noblesse de la race, ni à la grandeur de la fortune, pour distribuer ses bienfaits. Le chêne orgueilleux et l'humble fleur des champs reçoivent de lui la même rosée pour breuvage. Et s'il lui arrive, pour des raisons dont nous n'avons pas à pénétrer le secret, de donner, à l'ouvrier de la onzième heure, le même salaire qu'à celui de la première, il lui arrive aussi de faire, à l'âme du roturier et du pauvre, un don plus magnifique d'intelligence et de force qu'à celle des favoris du nom et de la fortune ¹.

Sans doute, l'étude et l'éducation agrandissent, perfectionnent et conduisent plus vite à maturité les dons naturels ; et, sans leur secours, les plus belles intelligences comme les plus grands cœurs demeurent presque toujours bornés ou impuissants par quelque endroit. Mais il n'en reste pas moins vrai que les rayons de lumière, déposés par Dieu dans tout homme venant en ce monde, peuvent, sous le travail d'une instruction élémentaire, continué par la réflexion et l'observation personnelles, et surtout sous l'action de la grâce divine qui ne fait jamais défaut à la bonne volonté, devenir un foyer éclatant, d'où jaillit l'expérience des hommes et des choses. Il n'en reste pas moins vrai que les forces secrètes pour le dévouement et la vertu, cachées par la main divine dans les cœurs, n'attendent pas toujours, pour sortir au dehors et se traduire en actes sublimes, d'avoir reçu la poussée d'une haute éducation.

Aussi, il n'est pas rare de trouver d'humbles ouvriers, à qui la condition précaire de leur famille n'a permis qu'un stage de quelques années sur les bancs d'une école primaire, mais qui n'ont laissé s'éteindre, au souffle des passions, aucune des lumières, déposées en eux par Dieu et leur éducation chrétienne, qui n'ont entravé aucun des mouvements généreux de leur cœur et qui surtout n'ont

---

¹ *Intellectum dat parvulis*, ps. cxviii, 130. — *Abscondisti hæc a sapientibus et prudentibus, et revelasti ea parvulis*, Saint Mathieu, xi, 25. — *Humili homini se inclinat ; humili sua secreta revelat*, Imit.

fermé aucune des avenues de leur âme à la grâce d'en-
haut, il n'est pas rare, dis-je, de les trouver en possession
d'une fortune, non point de connaissances scientifiques,
mais de sens droit, de jugement sain, de suave délicatesse
dans les pensées et les manières, d'aimable modestie et de
vertu solide. Souvent cette fortune est telle, qu'elle pourrait, à juste titre, faire l'orgueil d'un grand nombre de
savants et de patriciens.

Quoi qu'il en soit de la part attribuée à chacun dans la
répartition des dons célestes ; quoi qu'il en soit du développement qu'on ait pu donner à cette première mise divine
de lumière et de force en nous, il n'y a pas d'homme, en
dehors de ceux qui ne sont plus que des ruines où se
meut encore la vie animale, il n'y a pas d'homme, si
pauvre d'esprit ou de cœur qu'on le suppose, qui ne
soit capable de quelque chose pour la prospérité d'une
œuvre.

Eh bien ! M. Crevat eut, non pas peut-être par raisonnement ou observation, mais par instinct et piété, cette vraie
modestie et cette haute sagesse, qui ne permettent pas
qu'on dédaigne le secours des petits et des faibles ; qui
font comprendre qu'on n'est pas tout dans une œuvre,
parce qu'on en est la tête, et que les autres membres du
corps remplissent des fonctions importantes et nécessaires
à la vie.

Quelle que soit, en effet, la somme d'intelligence, d'activité, de dévouement, que mette un directeur au service
d'une œuvre, son action, à moins qu'il ne porte au front
l'auréole de la sainteté et ne reçoive de Dieu la grâce au
degré qui fait opérer des prodiges, reste nécessairement

incomplète et bornée par quelque endroit. Ce n'est point trop des lumières, des observations, des avertissements, des exhortations, des bontés, des bienveillances, des attentions délicates, des avances sympathiques, des efforts généreux que peuvent mettre en commun un directeur intelligent et son conseil, pour donner satisfaction à tous les besoins, à toutes les exigences, à toutes les nécessités d'une corporation nombreuse et composée d'éléments divers.

D'ailleurs la foi n'enseigne-t-elle pas que, dans cette union, est tout le secret de la force et du succès pour ceux qui sont appelés à diriger une société religieuse? Que ce soit laprière ou le travail pour la gloire de Dieu et le salut des âmes, qui réunisse plusieurs personnes, peu importe ; Jésus-Christ se trouve au milieu de ce petit collège comme il l'a promis : *Ubi duo vel tres congregati fuerint in nomine meo, in medio eorum sum.* Qui pourrait calculer alors les merveilles opérées par ces quelques individus, qui ne peuvent se mouvoir, dans le champ de leur action, sans se trouver, pour ainsi dire, en contact immédiat avec notre divin Maître, et sans recevoir, même à leur insu, quelque chose de cette vertu qui s'échappait de lui, durant les jours de son pèlerinage ici-bas?

Et puis, avoir des attentions pour tous les dignitaires et faire grand cas de leurs fonctions, c'était implanter dans le cœur des jeunes gens le respect de son propre pouvoir. On n'a jamais plus d'autorité que lorsqu'on sait reconnaître et entourer d'égards celle qui est dans les autres.

Il nous semble que là est tout le secret de la prospérité de votre œuvre, pendant l'administration de M. Crevat.

XI

RÉVOLUTION DE FÉVRIER 1848. — ÉTABLISSEMENT D'UN CLUB AUX CHARTREUX
ÉTAT DES ESPRITS DANS L'ŒUVRE
SUSPENSION DES SÉANCES DU CONSEIL ET DE L'ÉCOLE DOMINICALE
CARACTÈRE GÉNÉRAL DE LA RÉVOLUTION DE FÉVRIER

ORSQU'ARRIVA le 24 Février 1848, le roi Louis-Philippe désespérant de pouvoir arrêter le flot montant de la Révolution, descendait précipitamment du trône et prenait le chemin de l'exil. La République était proclamée. La première préoccupation des comités républicains à Lyon, fut de chercher des locaux pour y organiser des clubs. Ils s'imaginaient, de bonne foi, que le nouveau gouvernement, pour mettre, dans ses délibérations, la sagesse, la connaissance des aspirations et des vrais besoins du pays, devait recevoir la lumière des assemblées populaires, comme si la passion aveugle n'y faisait pas presque toujours litière de la raison et du bon sens; et que pour agir avec force et résolution, il fallait leur demander, non pas seulement leur appui moral, mais une impulsion réelle, comme si la poussée du peuple ne devenait pas souvent une vague mugissante, terrible et dont on ne peut plus arrêter les ravages.

On vint donc aux Chartreux pour la réquisition d'un local. Tous les cloîtres, pendant plusieurs mois, restèrent ouverts au public et le grand réfectoire de MM. les Missionnaires fut transformé en salle de réunion électorale. Votre société eut-elle à souffrir de cet état de choses ?

Les plus jeunes de ses membres éprouvèrent comme un tressaillement de bonheur, lorsque leurs oreilles furent remplies par les cris joyeux de la devise républicaine, qui a un charme si doux pour une assemblée d'amis et de frères, et qui pouvait, dans l'illusion du premier moment, faire croire au retour heureux de ces jours où l'on disait des chrétiens, *cor unum et anima una.* Mais hélas ! les derniers échos de cette grande et noble harmonie, formée par l'union des trois mots de liberté, d'égalité et de fraternité, devaient bientôt s'éteindre pour eux dans le désenchantement, parce qu'un trop grand nombre de ceux qui allaient les répétant sans cesse, n'en portaient point le vrai sens dans l'esprit ni le goût dans le cœur et ne désiraient en réaliser que ce qui pouvait servir à leur fortune.

D'autres n'ayant du régime nouveau, qui faisait en France sa seconde apparition, qu'une connaissance puisée dans les plus sinistres pages de notre histoire, se laissaient aller à une inquiétude profonde sur l'avenir, dont ils ne pouvaient rien prévoir, il est vrai, mais qui leur semblait ouvert au désordre, à l'irréligion et peut-être à l'anarchie.

Plusieurs, sous la pression du mouvement populaire vers la nouveauté, dans la mêlée des opinions, le va-et-vient de quelques sarcasmes contre la religion, promenés par des énergumènes et des esprits forts, comme il en surgit toujours on ne sait d'où, aux époques troublées, plusieurs, dis-je, reçurent au cœur la morsure du respect humain. Leur assiduité aux assemblées du dimanche eut à en souffrir pendant quelque temps.

Quelques-uns peut-être furent pris de ce vertige, qui, dans les grandes agitations sociales, envahit si facilement certaines natures mal équilibrées, dévorées d'ambition, ou pliant sous les étreintes de la sensualité, les pousse hors de toute crainte, de tout respect et de toute règle, pour les précipiter à bras tendus vers tout ce qui peut donner satisfaction à leur orgueil ou à leur besoin de jouissances. Mais ce n'est là, de ma part, qu'une hypothèse, car, malgré mes recherches, je n'ai pu découvrir ni dans les procès-verbaux, ni dans les souvenirs des anciens, le moindre indice d'une tache imprimée au front de votre société par quelque renégat ou même d'une seule désertion définitive.

La plupart, sans rien préjuger, se contentaient d'accompagner de sincères regrets la Monarchie en fuite. Comment en eût-il été autrement ? Ils avaient traversé les dernières années de la Restauration et les premières qui suivirent la Révolution de 1830, ces fécondes années, qui, quoique déflorées par l'esprit de doute, n'en resteront pas moins les plus belles de notre siècle.

A ce moment, en effet, le culte des intérêts matériels n'avait point encore envahi les âmes. L'acquisition de la fortune ne s'imposait pas comme le but suprême du travail et des efforts; la vie publique n'était point une chasse aux places lucratives, aux galons officiels, et les grands mots de patrie et de liberté avaient le pouvoir d'inspirer de nobles passions ; l'éclat des lettres, des sciences et des arts passait pour le luxe le plus digne d'une nation intelligente et libre. La vieille Monarchie elle-même, qui n'était tombée que pour s'être exagéré de bonne foi l'hostilité du parti libéral à l'égard de l'Église, les périls dont il pouvait l'enceindre et la crainte d'être obligée plus tard de sacrifier son titre cher et glorieux de royauté chrétienne, la vieille Monarchie, dis-je, recevait de sa fidélité généreuse à la religion, cause de sa chute, une auréole de majestueuse grandeur morale, bien propre à relever, dans les cœurs, le sentiment de la dignité et du devoir.

Les derniers survivants de la génération qui a été témoin de cette aurore en conservent, même aujourd'hui, sous les glaces de l'âge, un lumineux reflet. S'ils ont valu et valent encore quelque chose, c'est pour s'être baignés dans ses clartés.

Sans doute à cette époque, et surtout après 1830, comme dans tous les temps et sous tous les régimes, des ambitieux de haut et de bas étage, dont Auguste Barbier a, de ses coups de satire, flagellé jusqu'au sang la meute toujours inassouvie, se livraient sans pudeur au vil métier de *gueuser des galons, fouillaient à plein museau les flancs de la chose publique, travaillaient sans relâche de l'ongle et des dents pour en avoir un morceau* [1].

Sans doute, on pouvait adresser plusieurs reproches à la monarchie de Juillet : d'avoir, par exemple, en acceptant trop facilement la suppression de l'article 6 de la Charte,

---

[1] Expressions d'Auguste Barbier, dans son *Iambe de la Curée*.

c'est-à-dire la suppression de toute religion d'État, laissé
enlever à la couronne de France son plus beau fleuron, et
par là même amoindrir l'autorité royale, car l'homme n'a
sur l'homme que l'autorité qui lui vient de Dieu. Ce n'est
que de là qu'elle peut descendre, et c'est jusque là que la
soumission doit remonter. « L'homme est de Dieu, » disait
fièrement Tertullien. La reconnaissance d'un ordre surnaturel, et même la reconnaissance d'une révélation, si l'on
veut tirer toutes les conséquences des instincts et des
nécessités qui enchaînent l'homme à l'état social, sont
donc la base de tout pouvoir et l'âme de toute soumission.

On pouvait lui reprocher encore d'avoir laissé mettre en
oubli le dernier article de la Charte, qui prescrivait de
pourvoir, dans le plus bref délai possible, à l'instruction
publique et à la liberté d'enseignement; peut-être même
de s'être endormi volontairement sur cette grave question,
pour n'avoir point à secouer de ses flancs le ver malfaisant,
mais aimé, du monopole universitaire.

Ce monopole n'avait donné qu'une éducation impie, im-
morale, incohérente [1]. Il n'avait créé qu'une école d'égoïsme
et de corruption prématurée [2]. C'est de son enseignement
que s'était nourri et de ses imprudences qu'avait grandi
le socialisme, qui venait de jeter par terre la monarchie et
demandait, à main armée, à la propriété ses titres, à l'industrie ses comptes, à l'ambition ses droits, à la politique
ses principes, à la société tout entière ses fondements et
sa vie.

[1] Mgr Parisis et le livre qui parut en 1843 sous ce titre : *Le Monopole universitaire, destructeur de la religion et de la liberté.*
[2] Le *National* du mois de septembre 1842.

Malgré cela, le gouvernement de Louis-Philippe n'en restait pas moins, à leurs yeux, un gouvernement qui avait été riche et puissant, plein de grandeur, de prospérité intellectuelle et commerciale. Sa tâche était loin d'être achevée au moment où il disparaissait ; mais il y avait lieu d'espérer qu'il aurait su, dans l'avenir, préparer et asseoir solidement la base des libertés non encore conquises, donner satisfaction aux exigences des plus difficiles, pour les horizons à ouvrir au commerce, à l'industrie, aux lettres, aux sciences, aux arts ; pour la garde vigilante à faire, afin d'assurer au dedans la tranquillité publique et au dehors une paix honorable.

Et puis, il était difficile de ne regretter point cette belle et noble famille royale, dont on a pu dire que toutes les filles étaient chastes et tous les fils vaillants. On ne pouvait d'ailleurs oublier le spectacle si doux et si sain pour la nation qu'avait donné Louis-Philippe, d'un bonheur vrai et pur au milieu de ses enfants. Il n'est donc pas étonnant que, lorsqu'il prit le chemin de l'exil, les yeux de la plupart de vos associés se soient remplis de larmes et leurs cœurs de ferventes prières pour hâter son retour.

Quant au directeur, M. Crevat, il eut un moment de crainte, presque d'épouvante. Les premières journées de république se traînèrent pour lui dans la fiévreuse anxiété de l'attente, et son imagination lui fit souvent un sommeil peuplé de lugubres images. C'était bien naturel chez un prêtre dont l'enfance avait été bercée aux chants, qui rappelaient les vieux exploits révolutionnaires contre la religion. Plus tard, les études de sa jeunesse avaient fait passer sous ses regards des pages d'histoire, pleines encore des frayeurs.

des émotions déchirantes, des angoisses mortelles ressenties par ses pères, imprégnées des terreurs religieuses qui, pendant plusieurs années, avaient étendu sur la France entière comme un voile de deuil. Aussi, de même qu'une pierre lancée dans un buisson en agite toutes les feuilles et fait partir soudain les oiseaux endormis sur ses branches, de même le nom seul du nouveau régime, prononcé devant lui, mettait aussitôt en mouvement ses plus tristes réminiscences classiques, donnait la volée à tout un essaim de noirs pressentiments et de rêves, ayant derrière eux la traînée sanglante de 1793. Puis, son cœur se gonflait de gémissements sur la surprise du 24 Février et de blâmes indignés contre les hommes de l'Hôtel de Ville, dont la France se résignait si facilement à accepter l'autorité, parce qu'ils lui offraient une chance d'échapper au gouffre béant de l'anarchie, ouvert par leurs mains sous ses pas.

Parfois il riait de ses terreurs, mais le plus souvent il les subissait, sans essayer de s'y soustraire. Cependant, sa vie conserva son calme habituel ; si le fond en était troublé, il n'en paraissait rien à la surface, et jamais on ne put surprendre dans ses conversations avec vous, dans ses discours, ni même sur les traits de son visage, le moindre indice de ses appréhensions, de ses craintes, ou des soulèvements de colère qui, de temps en temps, grondaient dans son cœur. Et si nous pouvons en parler aujourd'hui, c'est parce qu'un écho en est parvenu jusqu'à nous dans les entretiens familiers que nous avions avec lui en 1866 et 1867, le dimanche soir, au retour des réunions pour l'œuvre des Savoyards.

Mais ce qu'il ne pouvait retenir captif en son âme,

c'était un cri d'admiration, de joie ou d'espérance, quand, par exemple, il apprenait par la voie des journaux que, dans le sac des Tuileries, le crucifix de la chapelle avait été porté pour ainsi dire en procession par les insurgés à l'église Saint-Roch ; que le P. Lacordaire allait ouvrir, dès le 27 février, sous la protection reconnaissante du gouvernement, sa station de carême à Notre-Dame, ou bien qu'un orateur était monté à la tribune pour faire entendre des accents émus et généreux en faveur de la religion et des droits sacrés de l'Église.

Il n'y eut pas pour votre Société d'autre agitation que celle produite par ces divers sentiments, qui se firent jour dans les âmes des uns ou des autres. Cependant, il est dit au procès-verbal de l'assemblée du 7 janvier 1849, que les leçons de votre école dominicale, dont nous aurons à parler plus tard, furent interrompues pendant quelque temps, après la révolution de Février. Peut-être y eut-il aussi suspension de plusieurs assemblées générales et des séances du Conseil. Toujours est-il que le premier procès-verbal de l'année 1848 porte la date du 22 octobre. Il n'y est nullement question des graves événements qui ont changé la forme gouvernementale, jeté de si nombreux ferments de discorde dans les esprits, fait naître tant et de si justes craintes.

La lecture de ce procès-verbal remet involontairement en mémoire le souvenir du Frère Louis de Léon, religieux augustin, qui, vers l'année 1560, fit jaillir un si vif éclat de génie sur l'université de Salamanque, par l'éloquence de ses prédications, la beauté de ses poésies, la force et l'élévation de son enseignement. Incriminé pour certaines doctrines, qui semblaient téméraires aux tribunaux du roi d'Espagne, il fut arrêté tout à coup et mis en prison. Il y demeura cinq années, après lesquelles, son innocence étant reconnue, on lui rendit la chaire que son éloquence avait illustrée. Une foule inquiète et curieuse autant qu'enthousiaste attendait son premier discours. Mais lui, sans faire allusion à un passé douloureux, commença par ces simples paroles : « Nous disions, Messieurs, dans notre dernière leçon », et il rappela, en quelques mots, le programme de son enseignement si longtemps suspendu.

Le père Crevat, sans être entouré comme Frère Louis de Léon, d'une auréole de persécution et de gloire, eut au moins quelque chose de sa tranquille possession de lui-même et de sa prudence. Il parla comme si les hommes et les choses ne fussent point sortis des chemins battus, comme si le calme eût été l'état des esprits, la routine celui des affaires et l'immobilité celui des institutions, pendant les mois écoulés. A peine laissa-t-il échapper un mot susceptible d'être interprété comme une allusion indirecte aux événements politiques, lorsqu'il dit, en annonçant la communion générale pour le jour de la Toussaint : « C'est par la communion, Messieurs, qu'on asseoit fortement, dans les âmes, les convictions religieuses et qu'on les rend plus inébranlables que les trônes d'ici-bas ».

La suspension des séances du Conseil, jusqu'au mois d'octobre, fut-elle la conséquence obligée du mouvement insolite qui se produisait dans les cloîtres, lors de la préparation des réunions publiques ou après leur clôture ? C'est peu probable, car la plupart des assemblées générales eurent lieu. Il est plus vraisemblable de l'attribuer à la prudence du père Crevat, qui ne voulut éveiller aucun soupçon malveillant, ni donner prise à aucune interprétation fausse et méchante des intentions de votre Conseil, ni s'exposer lui-même à la trop forte tentation de parler librement, d'exposer toutes ses pensées et ses sentiments, au milieu de sa famille de prédilection.

Ce qui donne une quasi certitude à cette supposition, ce sont les paroles mêmes du père Crevat à l'assemblée du 17 décembre de la même année. Après avoir parlé de l'extrême réserve dont ne s'étaient jamais départis les directeurs de votre Société, dans les élections des membres du bureau, chefs et sous-chefs, et qui avait été sa règle de conduite, il ajoutait que, au milieu des circonstances difficiles que venait de traverser le pays et dans la mêlée ardente des opinions, il avait agi de même, ne laissant échapper de ses lèvres aucun mot touchant de près ou de loin à la politique, afin de ne gêner la liberté de personne et de ne froisser aucune préférence.

Le reste de son discours semble inspiré par les sages réflexions que le P. de Rozaven, jésuite français, ancien émigré, ancien Père de la Foi, retenu à Rome par sa charge d'assistant du général, pour la France, écrivait de cette ville le 24 juillet 1825, à M\ue Swetchine, à propos du livre publié par La Mennais : *La Religion considérée dans ses rapports avec la société*. Le ton tranchant de La Mennais, ses déclamations perpétuelles, ses prédictions sinistres ne lui laissaient que du noir dans l'âme. « Le zèle amer, ajoutait-il, ne fera jamais qu'empirer le mal et rendre le bien plus difficile. Ce n'est point le gouvernement qui peut rendre le peuple chrétien ; c'est l'affaire des ouvriers évangéliques, et tout ce qu'on peut attendre du gouvernement, c'est qu'il favorise cette entreprise. Au lieu de crier contre les gouvernements, les apôtres ont travaillé à convertir les peuples, et c'est là aussi la marche qu'il convient, je crois, de prendre en France ».

Les dernières paroles du père Crevat étaient une exhortation à vos dignitaires de donner leur obéissance pleine et entière à la constitution nouvelle. « Ceux qui l'aiment, disait-il, doivent s'y soumettre par amour, et ceux qui ne l'aiment point, par devoir, faisant taire toute répugnance au moins jusqu'au jour de la revision, c'est-à-dire pendant quatre années. »

Quoi qu'il en soit de la suspension de quelques assemblées générales, des séances du conseil et des leçons de votre École, pour le plus grand nombre de vos sociétaires, l'effet de la Révolution qui avait éclaté le 24 février, et qui pouvait donner le signal d'une persécution contre l'Église, fut une secousse de raffermissement dans leur foi et leurs pratiques religieuses. Ils comprirent mieux que, pour se défendre contre les dangers devenus plus nombreux et se soustraire aux occasions qui allaient prendre un caractère plus pressant, ils devaient resserrer les liens de leur union et ne rien négliger des moyens de préservation, que votre Société mettait à leur service.

Cependant, reconnaissons tout de suite que, même à son début, la Révolution de Février n'eût pas le caractère antireligieux de celle de Juillet. En 1830, on abattait partout les croix de mission, plantées avec tant d'éclat sous la Restauration ; celle du fronton de Notre-Dame était traînée dans les rues de la capitale et jetée dans la Seine aux applaudissements d'une foule en délire. On renversait le Calvaire du mont Valérien, et le couvent des Missionnaires de France était livré aux flammes ; la profanation portait ses mains sacrilèges jusque sur les ornements et les vases sacrés de la chapelle. Un peu plus tard, Saint-Germain-l'Auxerrois était saccagé et l'archevêché démoli.

L'habit ecclésiastique dut se cacher pendant trois ans, avant de reparaître dans les rues de Paris. Il fallut le choléra de 1832 pour permettre à Mgr de Quelen de sortir, sans s'exposer aux insultes. L'Église entrait en partage de toutes les haines qui s'étaient amoncelées contre la Monarchie, et des coups qu'on faisait tomber sur elle, pour la protection compromettante que lui avait accordée le gouvernement de la Restauration, sans lui donner la liberté, qui seule ne la compromet jamais.

En 1848, lorque cette révolution que Mgr Pie, évêque de Poitiers, appelle, avec tant de raison, la plus inévitable et la plus logique des révolutions, sortit de celle de 1830, comme la conclusion sort des principes, la religion n'eut rien à craindre.

La monarchie de Louis-Philippe n'avait point donné la protection et avait mesuré parcimonieusement la liberté à l'Église. Elle s'était tenue dans une continuelle défiance à son égard, la regardant comme une adversaire qu'il fallait surveiller et dont il était nécessaire d'entraver l'influence pour défendre l'État contre ses empiètements. Le discrédit, d'abord, et puis enfin la chute d'un gouvernement qui avait été peu paternel pour elle, semblaient donc être sa légitime revanche, même aux yeux de ses propres ennemis ; car, par je ne sais quel instinct de la nature humaine, on accorde toujours un sentiment de sympathie à ses compagnons de combat, à ceux qu'on a aidés à briser leurs chaînes, alors même qu'on ne veut point les aimer. Le catholicisme profitait d'ailleurs, à ce moment, de l'éclat que lui prêtaient des hommes comme le P. de Ravignan, le P. Lacordaire, de Montalembert, Ozanam, de Falloux, etc. Les orateurs, les écrivains, les poètes n'ajoutent rien à la force intrinsèque de la religion ; mais ils sont son avant-garde d'honneur pour préparer, sur son passage, le respect de la foule. Par leur éloquence, les charmes de leur parole, les harmonies de leurs poèmes, ils lui font comme un manteau royal, qui rehausse sa majesté et lui donne, aux yeux du monde, un plus séduisant prestige.

Aussi, loin de persécuter les prêtres en 1848, partout on les appelait pour bénir les arbres de liberté. Trois évêques, le P. Lacordaire et vingt prêtres furent élus, au mois de mai, pour siéger à l'Assemblée constituante. Loin d'insulter à la croix, on la saluait comme l'étendard de la vraie liberté. Dans le sac des Tuileries, le crucifix de la chapelle avait été porté en procession, par les insurgés, à l'église Saint-Roch. Les croix, que la piété populaire élève sur le bord des chemins, étaient, en maints endroits, couvertes de branches de feuillage ou de couronnes de fleurs. Les églises souvent devaient ouvrir, à deux battants, leurs portes aux flots pressés d'une foule enthousiaste, qui venait y faire retentir le *Domine, salvam fac rempublicam*.

C'est là le caractère général de la Révolution de Février, bien que le clan socialiste ait essayé çà et là, et à plusieurs reprises, d'élever la voix, de prêcher la haine de l'ordre social et le renversement de toute religion. Cet état des esprits fut bien vite compris parmi vous.

Aussi, les vives inquiétudes qui avaient été suscitées tout à coup dans l'âme de M. Crevat et dans celle d'un grand nombre de sociétaires, par les premières clameurs révolutionnaires et les incertitudes du premier moment, ne tardèrent pas à se calmer. Le respect du gouvernement et de l'opinion populaire pour les choses et les hommes de la Religion, le souffle généreux et libéral qui, de temps en temps, passait dans les rangs de l'Assemblée nationale, pour y mettre en mouvement les sentiments les plus élevés de l'âme humaine et qui devait plus tard faire éclore la loi si impatiemment attendue des 15-27 mars 1850, sur l'émancipation de l'instruction secondaire, fermèrent leurs cœurs à la crainte, sans les ouvrir pourtant à toutes les espérances.

Louis-Napoléon, nommé président de la République le 10 décembre de la même année, donnait sans doute des preuves de résolution et d'habileté, mais serait-il assez fort pour empêcher le drapeau rouge de reparaître, un jour ou l'autre; saurait-il tenir en bride et amortir les passions formidables dont il était l'effrayant symbole? Voilà ce qui laissait encore de trop légitimes préoccupations dans beaucoup d'esprits. Malgré ces défiances et les quelques coups de clairon socialiste qu'on entendait de temps en temps, les quatre années de république s'écoulèrent silencieuses et fécondes pour votre société. Ses regards, d'ailleurs, se portèrent peu sur les sphères politiques et son attention ne fut donnée qu'au développement de ses œuvres, à la sanctification de ses membres et au travail d'expansion.

XII

CONCILE PROVINCIAL. — DÉCISIONS DIVERSES. — GRAND JUBILÉ
FONDATION DE LA PAROISSE SAINT-AUGUSTIN

Nos assemblées du dimanche faillirent être interrompues au moins de juin 1850, par la réunion d'un concile provincial où siégèrent Nos Seigneurs d'Autun, de Dijon, de Langres, sous la présidence de l'archevêque de Lyon, Mgr de Bonald. Les évêques de Grenoble et de Saint-Claude, retenus dans leurs diocèses par l'âge et les infirmités, y furent représentés par un de leurs vicaires généraux. Les chambres des missionnaires et des étudiants en théologie furent mises à la disposition des évêques et de leur suite.

Il avait été décidé que les sessions générales auraient lieu à la chapelle des retraites, et ce ne fut qu'au dernier moment qu'on jugea plus commode de les tenir dans le grand salon des archevêques, de la maison carrée.

Le père Crevat, à cette occasion, fit adresser à Dieu des

prières en faveur de la vénérable assemblée, afin de lui obtenir les lumières nécessaires pour mener à bien l'œuvre entreprise. Il invita en même temps tous vos associés à se tenir en garde contre les paroles légères qu'ils pourraient entendre, « parce que, ajoutait-il, elles affaiblissent toujours et quelquefois tuent dans les âmes le respect des choses saintes et des personnes les plus dignes d'estime. » Mais il les conjura surtout de fermer l'oreille aux propos mauvais, qui auraient pour but de dénaturer la pensée des évêques et de leur prêter des intentions hostiles à l'ordre de choses établi [1].

Dans l'assemblée du 5 janvier 1851 on ouvrit une discussion sur l'abrogation des articles 4 et 5 du chapitre deuxième du règlement et leur remplacement par les suivants : Art. 4. Les chefs de division sont nommés par leurs confrères à la majorité absolue des suffrages, donnés en scrutin secret ; art. 5. Leur installation a lieu le dimanche qui suit leur élection, c'est-à-dire le jour de la solennité de l'Immaculée Conception de la sainte Vierge.

Ces deux articles, soumis à une deuxième lecture le 21 septembre, furent définitivement adoptés dans l'assemblée du 16 octobre de la même année [2]. Il faut chercher la cause du retard apporté à leur approbation, dans les deux faits suivants.

Le grand Jubilé, accordé par les Souverains Pontifes à chaque quart de siècle et publié à Rome dans l'année 1850, avait été ouvert à Lyon l'année suivante avec la même solen-

[1] Procès-verbal des 23 juin 1850.
[2] Procès-verbaux du 5 janvier, 21 septembre et 16 octobre 1851.

nité qu'en 1826 et prêché simultanément dans toutes les églises : à Ainay, Saint-Nizier, Saint-Pierre, Saint-Louis, Saint-Bonaventure, Sainte-Blandine par les missionnaires des Chartreux et dans les autres paroisses par les pères Jésuites, les Capucins, les Dominicains et les Maristes. Il donna lieu à de nombreuses et importantes cérémonies qui absorbèrent toute votre attention [1].

D'autre part, la paroisse de Saint-Augustin fut créée cette année-là, par M. l'abbé J.-B. Callot, professeur de théologie aux Chartreux, plus tard curé fondateur de la paroisse du Bon-Pasteur et mort évêque d'Oran. Or, plusieurs de vos associés qui remplissaient les fonctions de conseillers, de chefs de division et de sous-chefs, furent invités par le père Crevat lui-même à travailler de toutes leurs forces dans la nouvelle circonscription religieuse, à laquelle ils se trouvaient d'appartenir, pour y former l'esprit paroissial et y développer, s'il était possible, les éléments d'une société semblable à la vôtre. Il fallut donc, au grand regret de tous, procéder à quelques changements dans les titulaires des charges [2].

Votre œuvre se faisait au cœur une blessure profonde et laissait volontairement s'échapper une partie de ses forces, mais c'était aussi se ménager la bénédiction, dont Dieu récompense toujours l'apostolat, et la gloire si belle de la maternité.

Aujourd'hui, la florissante société des jeunes gens de Saint-Augustin, dont toute l'activité et le zèle, sous l'habile

---

[1] Procès-verbal du 6 avril 1851.
[2] Procès-verbaux du 18 mai et 25 décembre 1851.

et dévouée direction de M. le curé Déflotrière, se dépensent à l'édification des âmes, fait arriver jusqu'à vous quelques-uns des reflets de sa belle couronne. Et il ne faudrait. pas remonter bien haut le cours des sentiments qui ont passé par son cœur, pour y rencontrer, à l'endroit de votre œuvre, celui de l'amour filial, dont tout enfant se fait honneur à l'égard de sa mère.

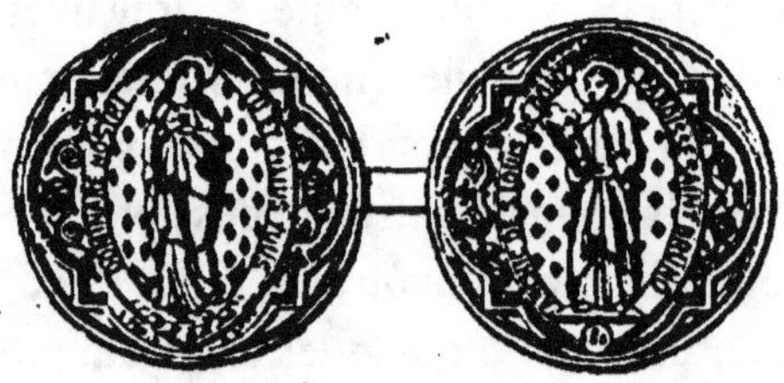

NOUVELLE MÉDAILLE

Donnée à chaque Sociétaire au jour de sa réception, depuis l'érection
de la Confrérie de la Reine du Ciel et des neuf chœurs des Anges en Archiconfrérie
de Saint-Louis-de-Gonzague

XIII

LE COUP D'ÉTAT. — L'EMPIRE. — L'UNIVERS

Vers la fin de 1851, le mirage socialiste avait fait d'effrayants ravages, même dans les campagnes jusque-là si conservatrices. Le refus par la Chambre de voter la revision de l'article constitutionnel, qui réglait que les pouvoirs du Président de la République prendraient fin en 1852, sans qu'il pût être réélu, servait-il d'encouragement à l'anarchie, ou bien fallait-il chercher la cause du mouvement insurrectionnel, dans quelque convoitise inavouée, qui, pour préparer une dictature et l'appuyer sur l'effroi des masses, prêtait en secret les mains aux menées révolutionnaires? Je ne sais. Quoi qu'il en soit, on menaçait ouvertement la France pour 1852 d'un branle-bas, qui donnerait satisfaction à toutes les exagérations et à tous les appétits du parti agitateur.

Aussi quand, le 2 décembre 1851, la nation apprit par le télégraphe que le gouvernement était changé, la Chambre dissoute, le scellé apposé sur la tribune et qu'un plébiscite proposé au suffrage universel demandait une sorte de blanc-seing pour l'établissement du pouvoir absolu, il y eut, chez un grand nombre, un apaisement subit de leurs craintes sur des dangers qu'ils s'exagéraient de bonne foi et un entraî-nement rapide vers une confiance qui ne connut bientôt plus de bornes. L'épée, qui sortait du fourreau pour les défendre, fut saluée de leurs acclamations enthousiastes.

Quelques catholiques plus nourris de naïve dévotion et de crédulité que de vraies connaissances, ne regardaient Napoléon qu'à travers la légende de la mort chrétienne du premier empereur, sur le rocher de Sainte-Hélène, et vo-lontiers, dans l'échauffement de leur imagination, ils eussent représenté le nouveau César avec un nimbe d'or, pour sym-boliser les sublimes vertus dont ils espéraient voir bientôt la mise en pratique sur le trône impérial.

D'autres au contraire, ne voyant dans la violation de la loi constitutionnelle qu'une grande calamité, d'où sorti-raient peut-être pour l'avenir de nouveaux coups de for-tune, courbèrent la tête sans faire de protestation publique, mais sans donner leur approbation à l'acte qu'on venait d'accomplir, ni leur sympathie à l'homme qui s'emparait du pouvoir.

Sans doute, on pouvait espérer qu'une ère nouvelle où la religion, l'autorité et la liberté se concilieraient sur des bases équitables, allait commencer pour la France; mais aussi, il était bien permis de croire que la cause de la dignité humaine avait été compromise par le succès du 2 décembre, et, qu'un jour ou l'autre peut-être, la liberté serait mise en péril. On pouvait bien, sans passer pour visionnaire, aper-

cevoir sur le front du nouveau pouvoir, le signe de la malé-
diction que porte toujours avec elle la force triomphante,
quand elle agit contre le droit; et, sans être téméraire, préjuger que le vice de son origine serait un jour l'une des causes
de sa mort. L'histoire elle-même apportait ses enseignements
et disait assez haut, que jamais les pouvoirs absolus n'ont
respecté l'Église à fond. Elle donnait au souvenir de Napoléon Ier et de Pie VII un renouveau d'actualité, qui assom-
brissait le présent et jetait sur l'avenir religieux tout un
essaim de noirs pressentiments.

Ce souvenir pesait sur l'âme de M. Crevat et de la majorité de votre conseil, au point de paralyser complètement
l'élan des espérances que d'autres concevaient si facilement.
Pourtant, comme en 1848, M. Crevat ne sortit point de
sa réserve habituelle, et dans l'assemblée du 25 décembre
1851, il ne fit aucune allusion au coup d'État.

Un seul mot, qui n'est point consigné dans les procès-
verbaux, mais qui nous a été répété par vos anciens et qui,
pendant longtemps, se traduisit par un *pater* et un *ave* récités
aux assemblées générales, révèle l'anxiété des âmes dans
votre société : « Prions bien pour l'Église », avait dit
M. Crevat, en terminant une instruction. Cette parole
répétée plusieurs fois, et qui avait trouvé écho parmi vous,
n'était-elle pas significative au moment où Louis-Napoléon,
maître absolu en France, faisait des avances à l'Église; au
moment où, pour donner une première satisfaction au
sentiment catholique, il remettait en vigueur un décret du
premier empire, misérablement rapporté par Louis-Philippe
en 1830, qui restituait au culte l'ancienne église de Sainte-
Geneviève (le Panthéon); au moment où il enjoignait à

son ministre de l'intérieur d'inviter les préfets à faire cesser, le dimanche, les travaux publics?

Ces mesures qui étaient, en somme, un heureux présage, ne diminuèrent en rien vos appréhensions. L'avenir devait plus tard trop bien les justifier. Aussi continua-t-on, dans vos assemblées, de prier pour l'Église.

Mais aux yeux d'un grand nombre de Français, aussi prompts à l'enthousiasme qu'aux alarmes, c'en était assez pour ouvrir le champ à toutes les espérances. Sous la préoccupation du danger socialiste, on s'était trompé sur le degré du mal; dans l'entraînement d'une confiance qui ne raisonnait plus, on devait se tromper encore sur la bonté du remède.

Le vote du 20 décembre donnait à Louis-Napoléon sept millions de suffrages. Dès ce moment, le journal l'*Univers* se mit au service du nouveau gouvernement, et il porta loin l'ardeur expansive de ses convictions. Il sembla adopter, à l'égard de Napoléon III, la tactique inaugurée au commencement du siècle par le *Mercure de France* et le *Journal des Débats*, qui consistait à flatter Napoléon Ier pour qu'il leur permît de flageller, tout à leur aise, la révolution et leurs adversaires. L'*Univers* s'échappa donc à la manière d'un volcan et fit monter vers le pouvoir des flots d'encens et d'adulations, pendant qu'une lave abondante de récriminations et d'injures coulait sur les plus intrépides et les plus éloquents défenseurs de la liberté et du droit, les Molé, les Berryer, les de Broglie, le général Changarnier, le général de Lamoricière, Thiers, de Falloux, Alexis de Tocqueville, qui n'avaient pu se résigner à partager l'enthousiasme et les espérances césariennes de Louis Veuillot.

C'était se tromper ; car, ce qui n'est point noble, ne saurait être habile. C'était montrer peu de grandeur d'âme ; car, ceux qu'il conspuait étaient tous, les uns à terre et désarmés, les autres proscrits. C'était aussi commettre une grave imprudence ; car ce langage, dont l'antichristianisme rendait la religion responsable, devait, en se prolongeant en de longs échos parmi les catholiques de France, diviser leurs forces et surtout creuser, sous les pas de l'Église, un abîme d'impopularité, où ses adversaires iraient un jour chercher des armes pour la combattre.

M. Crevat et les membres de son Conseil, en hommes de vieux régime, du régime de l'apôtre saint Paul, continuèrent à croire, que la charité ne trouve pas son épanouissement dans les discussions acrimonieuses ; que l'aliment du vrai zèle ne peut être dans la dispute, et qu'en aucun cas les chrétiens n'ont le droit de traîner leurs frères aux gémonies. Ils allaient même jusqu'à penser que le prosternement devant un César n'était pas le besoin de leur temps, et qu'il ne pouvait y avoir ni dignité ni profit à offrir le front au talon de botte de l'Empereur, pour qu'il y marquât son empreinte.

Aussi arrêtèrent-ils la polémique agressive, hautaine, prodigue d'amertume et d'ironie de l'*Univers*, sur le seuil de votre Société, et ne lui permirent-ils jamais de le franchir. « Laissons, disait un jour M. Crevat, laissons les politiciens et les journalistes à leur besogne, et continuons de faire notre œuvre, dans la dignité de notre indépendance et dans l'union de nos cœurs ». Ce mot, le voile qui couvrait l'avenir ne permettait pas alors de l'apprécier à sa

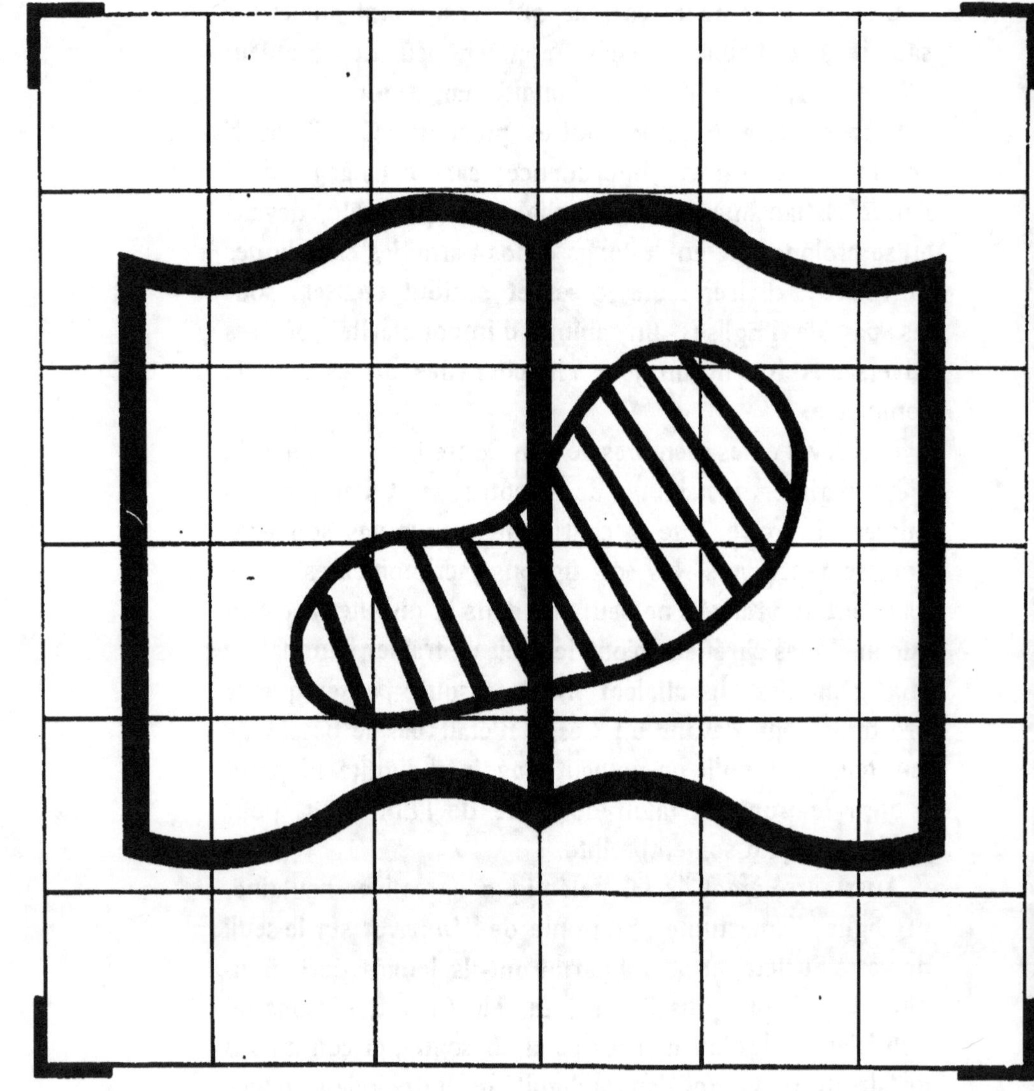

juste valeur, mais nous pouvons en mesurer aujourd'hui
toute la sagesse.

Louis Veuillot lui-même ne l'eût point désavoué huit
ans plus tard, lorsque ses espérances se furent évanouies
dans la désillusion et que la brusque suspension de son
journal l'eût fait revenir de son éblouissement.

Est-ce à dire qu'il y eût alors dans le cœur de M. Crevat
des sentiments d'amertume et des soulèvements de colère
contre les tenants de la politique de flatterie et d'absolutisme ? Assurément non. La prudence lui faisait un devoir
de vous mettre en garde contre les âpretés de langage et
les violences de certains journalistes; mais il avait une
trop grande connaissance des hommes pour s'étonner
outre mesure, et une trop longue habitude des œuvres
spirituelles de miséricorde pour ne prendre point en pitié
les faiblesses humaines et ne désirer pas la conversion du
pécheur plutôt que sa mort. Il avait eu lui-même, aux
jours de sa jeunesse, une ardeur trop belliqueuse pour
n'accorder aucune excuse aux impétuosités immodérées,
mais généreuses, du converti de 1838, qui s'était jeté, d'un
seul bond, tout au fond d'un amour passionné pour l'Église
et d'un dévouement absolu à sa cause. Il avait éprouvé
une trop vive douleur des attaques haineuses d'une cer-
taine secte contre la religion, pour lui refuser le bénéfice
des circonstances atténuantes et ne lui pardonner point les
coups injustes qu'il égarait sur quelques catholiques, à
cause de ceux qu'il faisait pleuvoir sur les ennemis de Dieu
et de ses œuvres.

D'ailleurs, si nulle main mieux que la sienne ne savait manier le fouet de la satire et de l'ironie, pour les

frapper, les flageller à outrance et les marquer d'un stigmate indélébile, nulle aussi n'était plus loyale. Et si on
pouvait reprocher à ce Juvénal catholique, de tremper trop
souvent dans le mépris l'expression piquante et barbelée
comme une flèche de sauvage, qu'il avait bientôt fait de
trouver et qui entrait si avant dans la plaie qu'on ne pouvait
plus l'en retirer, du moins ne la trempait-il jamais dans la
haine. Ses hyperboles les plus violentes n'étaient que la
brusque volte-face de son amour pour l'Église, le cri passionné de sa franchise, le jet d'un premier mouvement
d'indignation généreuse contre les hypocrisies, les com-
promis et les habiletés. Mais, après avoir souffleté ses
adversaires, volontiers il leur eût tendu la main ; volontiers
il eût ouvert son cœur pour en laisser tomber, sur les
blessures qu'il avait faites, le baume d'un véritable amour
et d'une sincère compassion.

Lorsque l'Empire fut fait, la France n'eut plus qu'à se
laisser aller au doux sommeil de la confiance absolue.
L'Empereur prit à lui seul la garde et la conduite de tous
ses intérêts : des intérêts diplomatiques, des intérêts de la
guerre au dehors, de la paix au dedans, des intérêts du
commerce, de l'industrie et de l'agriculture, de l'instruction publique, voire même des intérêts de la religion et des
droits de la justice.

Ce sommeil, pendant plusieurs années, fut sans agitation
et vraiment réparateur. La France y reçut même, le 8 septembre 1855, jour de la Nativité de la Sainte Vierge, la
vision glorieuse de la ville de Sébastopol, emportée par les
régiments français, dans un des plus terribles et des plus
brillants assauts que puissent offrir les annales militaires.

Hélas ! il fut traversé un peu plus tard par l'affreux cauchemar de l'envahissement des possessions de l'Église, et la conscience catholique, réveillée en sursaut, recevait, en plein visage, l'affront de la complicité secrète de Napoléon III, dans la suite habile et profonde, mais ténébreuse et déloyale, de toutes les attaques dirigées contre le Siège apostolique, et qu'un suprême et dernier attentat, celui de Castelfidardo, devait consommer.

Pendant ce sommeil de la France entre les bras de l'empereur Napoléon, y eut-il, dans l'âme de votre Directeur et de quelques-uns d'entre vos associés, des défiances, des appréhensions ? Je ne sais. Rien n'en autorise la supposition, et probablement la marche progressive des affaires, du travail, le développement de l'industrie absorbèrent complètement votre attention, au point de bannir du milieu de vous toute autre préoccupation que celle de vos intérêts religieux et matériels. Cependant la prière pour l'Église et son Chef, qu'on avait commencée à une époque troublée, fut continuée dans vos assemblées du dimanche, comme si vous eussiez craint de voir bientôt apparaître quelques points noirs à l'horizon de la politique religieuse.

XIV

PÈLERINAGE A ARS

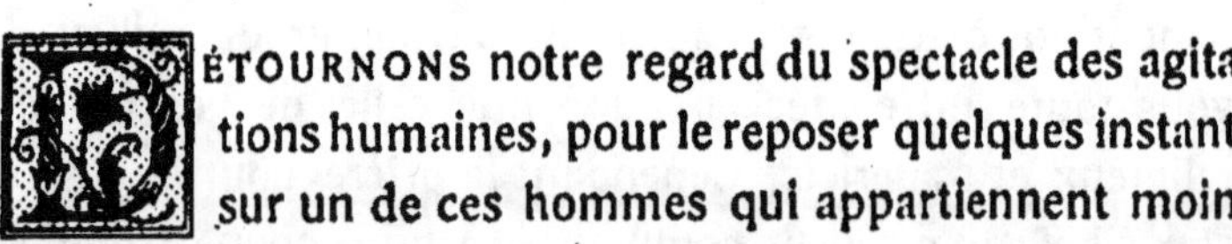

ÉTOURNONS notre regard du spectacle des agitations humaines, pour le reposer quelques instants sur un de ces hommes qui appartiennent moins à la terre qu'au ciel, et qu'on n'approche jamais sans ressentir, au plus profond de l'âme, une commotion qui reste indéfinissable, mais où l'on sent bien la touche de Dieu.

Autrefois, on faisait le voyage de Césarée pour contempler la majesté de saint Basile à l'autel. L'empereur Valens lui-même, poussé par la curiosité et surtout par le secret désir de prendre en défaut l'admiration populaire, s'y étant rendu, ne put se défendre d'une émotion subite et profonde.

A l'époque qui nous occupe, le nom d'un petit et obscur village de la Dombes avait reçu le reflet direct de la renommée plus qu'européenne de son pauvre curé. Aussi était-il sur toutes les lèvres. Partout en France, en Belgique et même en Amérique, Ars éveillait dans les cœurs le sentiment d'un religieux respect et d'une véritable admiration. De toutes parts, riches et pauvres, savants et ignorants, princes et roturiers accouraient là, non pour contempler, comme à Césarée, la sublime majesté d'un saint évêque offrant à Dieu le divin sacrifice, au milieu des pompes du culte, mais pour y chercher, près du plus pauvre et du plus humble des prêtres, les inspirations qui élèvent l'âme et la purifient ; pour s'y alléger la conscience des fardeaux du péché ; pour s'y retremper dans la foi, dans les vertus chrétiennes ; pour y recevoir à un contact béni quelqu'une de ces heureuses blessures qui ne se ferment plus ; car Dieu avait ouvert dans le cœur du saint curé d'Ars des sources d'onction vivifiante et de charité expansive, et il avait donné à sa prière une puissance d'intercession qui tenait du miracle.

Votre Société ne pouvait se dispenser d'aller s'agenouiller sous la bénédiction de celui qu'on rangeait, depuis longtemps, parmi les grands serviteurs de Dieu. Au mois de juillet 1852, il fut donc décidé que tous les dignitaires et les membres du chœur de chant feraient le pèlerinage d'Ars. Le jour du départ fut un beau jour, plein de soleil et de brises légères, et surtout un jour de grande et sainte joie pour l'âme des quarante-huit ou cinquante pèlerins.

A neuf heures, ils faisaient leur entrée dans le village. Le père Crevat ouvrait la marche et servait de guide. C'était son droit et son orgueil. Sur le pas de l'église, le Curé d'Ars attendait, les mains tendues, le sourire aux lèvres et le cœur dans les yeux. Ces deux mains qui allaient au-devant de l'étreinte des siennes, M. Crevat n'osa les toucher, et se jetant à genoux, il demanda une première bénédiction pour votre œuvre et pour lui. Quelques minutes après, la grand'messe commençait, et votre Société chorale, sous le coup d'une pieuse et vive émotion, mettait dans ses chants, selon les sentiments divers traduits par les paroles liturgiques, une expression de douceur ou de force que peut-être elle n'avait jamais connue, et des accents où passait son âme tout entière.

Plusieurs d'entre vos pèlerins furent frappés de la beauté des ornements sacerdotaux, dont la richesse contrastait assez singulièrement avec la pauvreté du bon Curé. Il est vrai qu'il était d'une grande propreté dans sa personne et dans ses vêtements ; mais sa soutane portait partout les marques de la râpe du temps ; sa ceinture et ses bas étaient élimés jusqu'à la corde ; ses souliers à gros clous et lacés semblaient demander grâce.

Ils comprirent bien vite que le Curé d'Ars avait l'âme trop haut placée pour relever, en quoi que ce soit, de la recherche et du luxe dans sa garde-robe, mais en même temps que sa foi était trop vive, pour trouver qu'on pût jamais faire assez, dans les honneurs à rendre à la sainte Eucharistie. Comment un saint prêtre pourrait-il oublier la parole divine, qui fut adressée à ceux dont l'avarice éclata en murmures et en plaintes, lorsque Marie Madeleine vint répandre, avec ses larmes et son repentir, sur les pieds de Jésus, un vase rempli des parfums les plus précieux ; laissez-la faire : *sinite illam*. Elle a fait envers moi une bonne œuvre : *bonum opus operata est in me;* car elle a voulu honorer ma sépulture et ma mort : *ad sepeliendum me fecit.*

La sainte Eucharistie apparaissait au Curé d'Ars comme la sépulture du Sauveur, et son glorieux tombeau sur la terre, où il est caché et comme enseveli sous des voiles qui le dérobent à nos regards, mais le révèlent à notre foi et à notre amour. Il avait à cœur d'honorer et d'embellir cette sépulture sacrée de son Dieu. Aussi faisait-il, pour la célébration de la messe et la dignité du culte, de saintes prodigalités.

Après l'Évangile, le saint Curé prit la parole. Son attitude était grave. Le port de la tête, légèrement penchée sur la poitrine, révélait chez lui l'habitude du recueillement et de l'adoration. Ses traits portaient l'empreinte de l'austérité de vie et les cicatrices sacrées du travail et de la fatigue. Son front large et haut, assis sur deux arcades sourcilières fortement proéminentes, donnait à sa figure un caractère remarquable de majesté. Ses yeux, un peu battus, laissaient deviner les nombreuses veilles passées au saint tribunal de la pénitence. Son regard avait des flammes et, se faisant doucement inquisiteur, semblait vouloir fouiller dans les derniers replis des âmes, pour y lire leurs plus secrètes pensées et y provoquer le repentir, les résolutions généreuses et de saintes énergies pour le devoir. Quand il parla de l'amour divin, son front s'illumina tout à coup d'une auréole de céleste bonheur. Quand, au contraire, ses pensées se portèrent sur l'ingratitude des hommes envers Dieu, il y eut de douloureux reproches dans la touchante expression de ses regards voilés de larmes. Il était beau à contempler, comme il le fut toujours du reste, soit dans la chaire de sa pauvre église, soit sur son banc de catéchiste, beau de tout le reflet d'une âme sainte sur un visage humain.

Son allocution dura une demi-heure. Tous les regards étaient rivés sur lui, pendant que les âmes recevaient les coups heureux et bienfaisants de sa parole enflammée d'amour divin et comme empourprée du sang du sacrifice. C'était pour elles tantôt le tressaillement des douces émotions, tantôt les commotions de fortes secousses, qui les ébranlaient jusque dans leurs plus intimes profondeurs.

Il avait fini de parler qu'on l'écoutait encore. On croyait entendre, par delà les régions de la terre, une autre voix qui répondait à la sienne et dont les accents inénarrables pénétraient doucement dans le cœur.

Ne dirait-on pas que Dieu lui-même fait écho à la parole des saints et que, en passant par lui, elle se charge de bénédictions et de grâces, afin de porter ensuite aux âmes un don plus magnifique, soit de lumière, pour éclairer à travers les ténèbres de l'erreur ; soit de force, pour soutenir dans les luttes de la vie ; soit de consolation, pour soulager dans les douleurs ; soit de patience, pour faire mériter le travail et la peine ; soit d'onction, pour calmer les passions trop vives ; soit de saints désirs, pour élever à la perfection chrétienne ; soit de salutaire violence, pour briser les cœurs endurcis ?

Vos pèlerins reçurent donc à Ars, mieux que partout ailleurs, la démonstration sensible de cette vérité, prêchée par le grand apôtre saint Paul : que toute germination de la parole évangélique, comme du grain de blé ou du fruit du chêne, vient de Dieu : *Ego plantavi, Apollo rigavit; Deus autem incrementum dedit.* Car c'est bien Dieu qui, caché dans la parole du saint Curé, descendait dans leurs âmes et les remplissait de sa vertu fécondante.

Par une attention délicate, le bon Curé d'Ars avait prié les Frères instituteurs d'offrir à votre Société, dans leur maison et leur jardin, un lieu de repos et de récréation, où elle pourrait se mouvoir à l'aise, trouver la tranquillité et l'indépendance du chez soi. Après la grand'messe, on se mit donc en mesure de profiter de cette hospitalité bienveillante.

Sous une salle d'ombrage, d'où s'exhalaient des odeurs de gala, qui ne gâtaient rien aux senteurs de l'été ni aux parfums de piété dont les âmes venaient d'être imprégnées, était dressée une table abondamment servie. En un clin d'œil, vos pèlerins eurent formé autour d'elle un ourlet gracieux et solide.

Le menu était simple. La recherche eût été mal venue sous les yeux de celui qui était la personnification vivante de l'austérité et de la mortification. Toutefois, si l'on ne fit point chère lie, rien ne manqua de ce qui pouvait donner pleine satisfaction au meilleur appétit, et personne, que je sache, ne mangea du bout des dents ni ne fut paresseux à déblayer son assiette.

La joie surtout illuminait les visages. Comment en eût-il été autrement ?. La parole du curé d'Ars venait d'ouvrir les avenues des âmes à tout un cortège de bonnes pensées et de saints désirs, qui laissent toujours sur leur passage je ne sais quel parfum enivrant, quelle paix douce et mystérieuse, où le bonheur trouve son élément le plus pur.

Aussi le *Benedicite* était à peine achevé, qu'une causerie, toute pleine de l'enivrement sacré des âmes, se mettait à courir sur la nappe ; sans trop de bruit d'abord, puis trottinant plus accorte et plus vive des uns aux autres. Vers le milieu du repas, elle prenait son essor vers les régions de la joie folâtre ; faisait l'appel et passait la revue de tous les épisodes amusants du voyage, de tous ces riens, qui sont sans intérêt pour des étrangers, mais qui, dans une société d'amis, ont un charme si grand, provoquent une si franche hilarité et quelquefois d'homériques éclats de rire. Dès lors les dièzes s'ajoutent aux dièzes pour exhausser le ton général ; et tous, joyeux, le cœur en fête, avec l'entrain, la verve, la pétulance de leur aimable et bonne nature, semblent prendre à tâche de remplir le jardin du bruit de leur jeunesse.

Tout à coup vers la fin du repas, il se fait un profond silence. On se lève de table, on se découvre et on s'incline dans un sentiment de religieux respect. C'est le curé d'Ars qui vient d'apparaître et qui s'avance d'un air doux et bon. De la voix et du geste il fait rasseoir tout le monde et prend place lui-même sur le siège que le père Crevat s'empresse de lui offrir.

En quelques mots, où vibre l'accent d'une foi vive et profonde, il exprime toute la joie qu'il ressent de voir autour de lui une si belle couronne de jeunes gens chrétiens. Puis il s'informe de l'état de santé de M. Pousset, curé de Saint-Bruno, qu'il appelle son vieil ami. Il interroge ensuite le père Crevat, sur le fonctionnement de votre œuvre et prête à son récit une oreille attentive.

On pouvait craindre qu'entraîné par son amour pour votre société, exalté par le désir bien légitime de faire naître, chez le bon curé, un sentiment de plus vive sympathie, votre directeur ne s'abandonnât à un lyrisme désordonné. Il parla sans emphase. Sa parole d'ordinaire abondante et prompte à s'échapper sur le terrain des digressions, fut, pour cette fois, si bien tenue en bride, qu'elle ne commit aucune intempérance et ne fît aucun écart. On eut dit que chaque mot qui tombait de ses lèvres, lui semblait une usurpation sur le droit de tous, de n'entendre ce jour-là que la parole du saint.

Tous les regards étaient fixés sur le curé d'Ars, sur sa face amaigrie et pour ainsi dire détruite, mais où l'on voyait si bien le sceau de la grâce divine. Son regard à lui allait des uns aux autres. On n'osait point le rencontrer, tant il avait de pénétration, et cependant on le recherchait tant il avait en même temps de douceur affectueuse.

Près de lui, on sentait que la respiration de l'âme devenait plus calme, plus sereine, et que le cœur, tout enveloppé de bien-être moral, était plus prêt à prendre son essor vers Dieu. Tant il est vrai que, pareils à ces tiges élancées de paratonnerre, le long desquelles la foudre s'échappe et s'écoule, les saints dérobent à ceux qui les approchent le fluide orageux des désirs et des passions de la terre, pour ne leur laisser que leurs meilleures aspirations vers les choses d'en haut.

Personne n'osait dire un mot. Le bon curé s'en aperçut bien vite. Il ne voulut pas que sa présence interrompît la gaieté du repas, jugeant qu'une joie saine et chrétienne est utile à la santé de l'âme et du corps; que le recueillement, qui est de rigueur à l'Église, n'est plus de mise à table et qu'il est bon alors d'ouvrir le champ de course à la langue.

Aussi donna-t-il tout de suite à la conversation un ton plus familier, une allure plus à l'aise, l'émaillant même de quelques-uns de ces bons mots, qui arrivaient si souvent

sur ses lèvres, petillants d'esprit mais toujours innocents,
afin que la belle humeur et le sourire n'y trouvassent jamais
qu'un excitant sans danger. Nous n'osons point les rapporter ici, par crainte que la mémoire qui les a conservés,
ne nous les ait pas transmis avec leur originalité et leur
saveur. Et quand tous riaient, il semblait heureux et laissait
lui aussi son visage s'épanouir, et ses deux mains se frotter l'une contre l'autre, en signe de satisfaction. C'était le
côté aimable de la sainteté du curé d'Ars, qui apparaissait
avec cet air de bonhomie, de bienveillance, de simplicité,
de douce joie, qu'on aime tant à rencontrer dans les autres
et qui ouvre si vite les cœurs.

Après avoir prolongé longtemps l'entretien, il exprima,
avant de se retirer, le désir de célébrer, le lendemain matin,
le saint sacrifice de la messe pour toute votre société.
C'était, de sa part, un moyen adroit et délicat de retenir
plus longtemps vos pèlerins à Ars, afin que leur retour à
Lyon ne s'effectuât point le même jour.

C'était, entre mille autres, une des saintes industries qu'il
employait pour empêcher, le dimanche, tout travail matériel, toute vente et tout voyage.

Son désir dérangeait évidemment les plans de retour,
mais il était la marque d'un si bienveillant intérêt, il offrait
une si belle occasion de rester plus longtemps auprès du
saint curé et une si bonne fortune d'avoir une plus grande
part à ses prières qu'on y répondit par ce cri unanime,
qui fut moins un épanouissement qu'une explosion de joie :
« Nous ne partirons que demain. »

À ce mot, on vit tout aussitôt son visage s'illuminer de
bonheur et son regard prendre une expression de sincère

reconnaissance. On eût dit qu'il était l'obligé. « Mes bons amis, s'écria-t-il, en se levant, puisque vous voulez bien m'accorder le bonheur d'unir mes prières aux vôtres, pour attirer les bénédictions de Dieu sur vous et les absents de votre société, je célébrerai le saint sacrifice de la messe, demain matin, à quatre heures. De cette sorte vous pourrez encore prendre, à Villefranche, le premier train pour Lyon.» Puis il se rendit à l'église, afin de se préparer à l'office de vêpres. On s'y rendit aussi quelques instants après. Le curé d'Ars, comme à la grand'messe, y prit la parole. Il aurait voulu que M. Crevat fît lui-même la prédication. Il avait même mis en jeu, pour triompher de ses refus, les plus vives instances, presque la supplication. Tout avait été inutile. M. Crevat, chez qui l'enchaînement de la parole était toujours une peine et l'occasion de prêcher une joie, mais dont la foi dominait tout, se fût cru coupable de péché, s'il eût privé votre société et la paroisse d'Ars des enseignements d'un saint.

Lorsque l'office fut terminé, sur le coup de quatre heures, on se disposa à faire bon emploi du temps qui restait jusqu'au dernier rendez-vous à l'église, pour la prière du soir.

L'après-midi, magnifiquement ensoleillée, excitait le désir légitime et facile à satisfaire d'une promenade à travers champs et prés. Le père Crevat leur mit donc à tous la bride sur le cou et, en moins d'une minute, ils s'échappaient par sauts et par bonds dans la verte et riante campagne.

Quel plaisir pour des citadins de respirer, à pleins poumons, l'air pur et embaumé des champs; de s'enfoncer dans les chemins creux, bordés de verdure, constellés de soleil et d'y cueillir les mûres sauvages, même à peine formées;

de faire la chasse aux papillons; d'effrayer les lézards, buvant
la lumière, sur le bord des haies ou le long des vieux murs;
de se piquer un peu les doigts pour détacher des églantiers
quelques fleurs; de s'asseoir sur le gazon, comme les
Orientaux sur leurs tapis de Turquie ou de Perse; d'imiter
le bêlement des moutons, le mugissement des bœufs dans
les prairies ou le chant des rainettes sur le bord des étangs;
de chercher des nids, de courir au hasard, de se cacher
dans les fourrés ou de glisser comme des sylvains à travers
les aunes, de s'appeler de loin et de rire sans savoir de quoi,
pour le plaisir de rire!

Le paysage dans les environs d'Ars, comme partout
d'ailleurs dans la Dombes, manque de grandeur et de
variété. A cette époque, c'est-à-dire vers le milieu du siècle,
la Dombes était un plateau aux innombrables vasques argi-
leuses, emplies par les eaux dormantes et faisant rêver des
marais Pontins. Les terres, sur une superficie de 20,000 hec-
tares, étaient, aux deux tiers, alternativement noyées et assé-
chées. Des buttes de quelques mètres de hauteur s'élevaient
çà et là, entre les nappes lacustres, et y réfléchissaient leurs
bouquets de verdure. Aujourd'hui, grâce à la construction
d'un chemin de fer et de nombreuses routes carrossables;
grâce aux efforts persévérants des Pères Trappistes et à
l'impulsion salutaire qu'ils ont donnée; grâce aux engrais,
à l'emploi d'amendements par la marne et la chaux, le sol
a été conquis sur les eaux, et depuis 1870, plus de la moitié
de l'espace marécageux est transformé en campagnes
fertiles.

Mais la culture, en assainissant la Dombes, en multi-
pliant, pour ses habitants, les moyens d'existence, par le

rendement productif du blé et de la vigne, n'a point changé ses horizons et ne leur a rien enlevé de leur monotonie. C'est à peine si elle a réduit un peu le nombre des jours, où le paysage reste complètement ou tout au moins à demi submergé par la brume.

Pourtant, ce jour-là, la Dombes, pour vos heureux pèlerins, avait toutes les beautés. Leurs regards sondaient avec délices son immense horizon, dont les contours arrondis et barbelés çà et là de forêts se baignaient dans un ciel bleu, mais de ce bleu un peu pâle, qui n'éblouit pas les yeux comme l'impitoyable azur du ciel méridional. Les haies ne leur envoyaient que de doux parfums; les oiseaux de gais concerts ayant une allure d'aubade; les abeilles de joyeux bourdonnements; les brises de caressantes haleines. Les papillons ne faisaient miroiter, en voltigeant sous leurs yeux, que de riches émaux; les fleurs n'avaient que de vives couleurs, les arbres de rafraîchissants ombrages. Le soleil lui-même semblait tempérer, tout exprès pour ce petit coin de terre, l'ardeur de ses rayons.

Et au milieu de ces enchantements, ils ne rencontraient sur leur passage que des visages riants; ils ne recueillaient sur les lèvres des paysans que de bonnes paroles; ils en recevaient un salut qui tenait de celui des évêques; on croyait entendre leur *pax vobis*. L'heureuse terre elle-même avait cet accent. Tant il est vrai que tous les objets inanimés et tous les êtres de la création sont toujours, pour notre âme un miroir fidèle où elle se reflète tout entière. Quand elle est dans la joie et qu'aucune faute ne charge sa conscience, tout s'éclaire de ses rayonnements, tout sourit et tout chante autour d'elle. Si, au contraire, elle s'abîme dans quelque tristesse ou se trouve oppressée sous un remords, voilà que la scène change; il y a sur la nature entière comme un voile de deuil.

A Ars, il existait, pour vos pèlerins, un autre motif de trouver au paysage une physionomie riante et enchantée. Le curé d'Ars avait passé par là si souvent! Or, il y a, pour l'âme chrétienne, un charme tout particulier à visiter les lieux qui ont été sanctifiés, en quelque sorte, par la présence des saints. Il semble qu'on retrouve là quelque chose d'eux-mêmes et de leurs vertus; que chaque pas qu'on y fait éveille un pieux écho de leur parole ou de leurs sentiments et que c'est leur âme qu'on respire dans le parfum des fleurs. De même qu'un objet, qui a été mis en contact avec une fleur odoriférante, reste longtemps imprégné de son parfum; ainsi tout ce qui a reçu l'attouchement des pieds, des mains, ou seulement des regards d'un saint, garde comme un reflet de sa beauté morale, peut-être même une vertu secrète et divine, qui lui donne quelque analogie avec les sacramentaux.

Quand le soleil fut près de disparaître sous l'horizon, allongeant démesurément l'ombre des peupliers, qui s'élèvent, comme les colonnes gothiques d'une cathédrale, de chaque côté de la grande route courant sur Bourg, le père Crevat donna le signal du retour au village. Sa voix retentit au loin dans la campagne comme un coup de clairon et arriva jusqu'aux oreilles des plus jeunes et des plus ardents, qui avaient de l'avance et travaillaient activement à se couper un bâton de pèlerin, dans les traînes d'un petit bois taillis.

Le corps du général en chef fit tout aussitôt volte-face, et l'avant-garde expéditionnaire, prenant le pas accéléré, ne tarda pas à le rejoindre. Dès ce moment commença une vraie marche de traînards, toute en zigzags et souvent entre-coupée de temps d'arrêt. Car pourquoi se presser? Pourquoi ne pas jouir à l'aise de la lumière adoucie qui succédait à l'éclat d'une chaude journée? Pourquoi ne pas faire quelques haltes, afin de mieux se prêter aux douces caresses de la brise, aspirer à pleins poumons la balsamique haleine qu'exhalaient, comme des cassolettes encore tièdes, les petites meules de foin répandues çà et là dans les prairies et les églantiers des haies surchauffées par le soleil? Pourquoi ne pas permettre à l'âme de savourer le recueillement, que lui apportaient les harmonies et les images de ce beau soir d'été?

Les derniers bruits du jour s'étaient éteints autour d'eux. Déjà la campagne s'emplissait d'ombre et de mystère ; déjà les phalènes battaient l'air de leurs ailes cotonneuses, lorsqu'ils rentrèrent au village. Là aussi régnait une sorte de recueillement. Quelques lumières brillaient aux fenêtres, mais les cabarets ou plutôt les auberges n'avaient pas plus d'hôtes et ne faisaient pas plus de bruit qu'à l'ordinaire. Le dimanche à Ars s'achevait en famille.

Le saint curé attendait à l'église la petite troupe, pour la récitation de la prière, du chapelet et le chant d'un cantique.

Le lendemain matin, aux premières lueurs de l'aube, sur le coup de trois heures, quelques coqs enroués sonnaient la diane dans le village. Ce fut le signal du réveil et du lever. A quatre heures, le curé d'Ars montait à l'autel. Après la messe, il voulut accompagner le départ de vos pèlerins jusqu'à leur sortie du village.

Là tous se découvrent pieusement, s'agenouillent et

s'inclinent sous une dernière bénédiction du saint prêtre. Vers neuf heures, la paroisse des Chartreux retrouvait ses enfants.

Le temps qui, d'une main avare, nous mesure par minute la durée des jours et qui emporte tout, dans sa course rapide, n'avait point allongé, pour vos pèlerins, la bonne et sainte journée qu'ils avaient passée à Ars, mais du moins il ne l'emportait pas tout entière. De tels jours ne s'écoulent pas sans laisser de trace, ne fut-ce que celle d'un enthousiasme fugitif, d'un élan de quelques heures vers le bien et la vertu. Leur exquise douceur peut bien s'évaporer, mais leur souvenir demeure dans l'âme, comme quelque chose de merveilleux et d'enchanté. S'il se cache parfois dans ses profondeurs et semble y dormir, il ne manque guère de se réveiller à certains moments, d'apparaître aux heures de grande faiblesse ou de tentation pressante, pour mettre en fuite les visions mauvaises qui souillent l'imagination, alanguissent la volonté, et pour remplir le cœur de sa vertu fortifiante.

Il en est des âmes comme de ces machines puissantes dans lesquelles on emmagasine l'électricité ou la vapeur, pour avoir, à un moment donné, une grande somme de force motrice. Ainsi quand il s'est fait, dans une âme, une accumulation de bonnes paroles, de saints exemples, de salutaires impressions, il y a en elle, pourvu qu'elle reste assistée de la grâce divine, une force de résistance capable de tenir bon contre les plus violents assauts de l'erreur et de la perversité ; et une telle puissance d'impulsion vers le bien et la vertu, que les plus hauts sommets de la sainteté lui deviennent alors accessibles. Et si elle ne monte pas jusque-là, du moins elle garde toujours quelques-unes de ces salutaires aspirations vers les choses de Dieu, qui l'éloignent du mal, la tourmentent de la douleur lancinante du remords, lorsqu'elle tombe, la font se relever, s'élancer à la poursuite des biens perdus de la grâce et se ressaisir de la vertu.

Ce fut là le bénéfice moral et immédiat qui revint à vos pèlerins d'Ars. Les absents ne furent pas mis en oubli. Ils eurent leur part des prières du saint curé et votre œuvre tout entière reçut de sa main ou plutôt de son cœur une bénédiction particulière, afin que la grâce divine prolonge et rende heureuses ses destinées.

Notre-Seigneur Jésus-Christ dit un jour à Simon Pierre : « Simon, j'ai prié pour toi, afin que ta foi ne défaille pas [1]. » Jésus avait prié, et l'infaillibilité du chef de l'Église était sortie de sa prière.

Sans doute il serait impie d'assimiler la prière d'un homme, même de l'homme le plus élevé en sainteté, à celle du Christ, et d'en attendre des effets que Dieu n'accorde pas toujours. Sans doute aussi il y aurait une sorte d'inconvenance à établir une analogie même lointaine entre la mission qui est dévolue au successeur de Pierre et celle qu'accomplit une société comme la vôtre, qui se perd dans l'immense océan de la vie catholique ; mais n'est-il pas permis de chercher, pour votre œuvre, dans la prière du saint curé d'Ars et dans cette bénédiction qu'il lui donna, sinon un gage infaillible, du moins comme une

---

[1] *Ego autem rogavi pro te ut non deficiat fides tua.* Saint Luc, XXII, 32.

promesse d'assistance divine en tous ses travaux et une invincible présomption de longue durée ?

Aussi, en finissant le récit de votre première étape dans la vie, notre cœur s'emplit de confiance en l'avenir, et pour y saluer d'avance votre heureux centenaire, il répète ce cri de prière, d'espérance et d'amour qui termine votre cantique à saint Louis de Gonzague :

> D'un souffle heureux gonfle la voile
> De notre barque sur les flots;
> Et sois pour nos regards l'étoile
> Qui guide en mer les matelots.
>
> Qu'à l'avant flotte ta bannière!
> Sans crainte avec toi pour nocher,
> Déjà fiers d'un cinquantenaire,
> Au siècle nous irons toucher.

CROIX DE VÉTÉRANCE, RÉDUITE AU TIERS DE SA GRANDEUR

TABLE DES MATIÈRES

INTRODUCTION

RAPPORT HISTORIQUE